P9-BYM-244

Desafíos matemáticos

Propuestos por la Real Sociedad Matemática Española en su centenario

Coordinado por
Adolfo Quirós

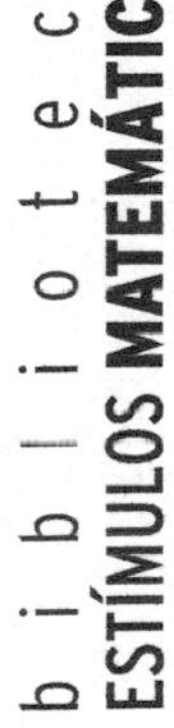

Segunda edición: noviembre de 2020
Primera edición: noviembre de 2012

Dirección del proyecto: Adolfo Sillóniz

Diseño: Dirección de Arte Corporativa de SM

Edición: Fernando Barbero

Ilustración: Modesto Arregui

Corrección: Javier López

Autores: Belén Alcázar de Velasco Ayape, Izar Alonso Lorenzo, Antonio Aranda Plata, Anton Aubanell Pou, José Manuel Bayod Bayod, Glenier Lázaro Bello Burguet, Fernando Blasco Contreras, Rubén Blasco García, Dana Calderón Díaz, Mari Paz Calvo Cabrero, José Luis Carlavilla Fernández, Irene Carmona del Val, Pedro Carrión Rodríguez de Guzmán, María Jesús Carro Rossell, Carme Cascante Canut, Alberto Castaño Domínguez, Javier Cilleruelo Mateo, Fernando Corbalán Yuste, Eva Elduque Laburta, Alberto C. Elduque Palomo, Inmaculada Fernández Benito, Santiago Fernández Fernández, Irene Ferrando Palomares, Javier Fresán Leal, Jesús Gago Vargas, José Garay de Pablo, Philippe T. Gimenez, Jimena González Alcalde, Francisco Antonio González Lahoz, Juan González-Meneses López, Raúl Ibáñez Torres, Andrea Isern Granados, , Javier Lázaro Huerta, María López Valdés, Elisa Lorenzo García, Marta Macho Stadler, Daniel de Maeseneire Martínez, Silvia Martos Baeza, Francisco Javier Masip Usón, Juan Mata García, Carlos Gabriel Matrán Bea, Alejandro Miralles Mo ntolío, Sergi del Moral Carmona, Miguel Ángel Morales Medina, Sofía Nieto Monje, Patricia Novo Muñoz, Ana Núñez Jiménez, David Obrador Sala, Vadym Paziy, María Pe Pereira, Eva Primo Tárraga, Javier Quirós García, Adolfo Quirós Gracián, Pepi Ramírez Rodríguez, Juan Miguel Ribera Puchades, Antonio Rojas León, Jaime Sánchez Fernández, Jorge Sánchez Pedraza, Paula Sardinero Meirás, Rafael Tesoro Carretero.

Coordinador: Adolfo Quirós

Revisión científica: Fernando Barbero y Adolfo Quirós

Responsable de la colección, por parte de la Real Sociedad Matemática Española: María Moreno Warleta

Debido a la naturaleza dinámica de internet, Ediciones SM no puede responsabilizarse por los cambios o las modificaciones en las direcciones y los contenidos de los sitios web a los que se remite en este libro.

ISBN: 978-84-675-5778-7

Depósito legal: M-002182013

Impreso en España / *Printed in Spain*

Índice

Prólogo

Es curioso analizar por qué se nos ocurren las cosas. Dice Bertrand Russell en su ensayo *La conquista de la felicidad* que "el cerebro es una extraña máquina capaz de combinar de la manera más asombrosa los materiales que se le ofrecen". Y que las ideas son a menudo puzles que se forman en nuestra mente a partir de pistas dispersas y aparentemente inconexas, sin que seamos conscientes de todo el proceso de construcción.

En marzo de 2011 mi gran amiga de la infancia Marta Arocha me animaba a ser más creativo en mi trabajo. El País lanzaba una colección de libros de matemáticas que se venderían con el periódico. Mi compañera Patricia Gosálvez publicaba una entrevista con Adolfo Quirós, portavoz de la Real Sociedad Matemática Española (RSME) que cumplía cien años (la sociedad, no Adolfo). Y mi colega de *marketing* Elena León me comentaba que hacían falta ideas nuevas para vender los productos del diario.

Sin que yo fuera consciente de ello, todos esos datos se fueron cocinando en mi cabeza como los ingredientes de un guiso en la olla. Y una tarde, volviendo a casa en metro, sin ningún esfuerzo deliberado por mi parte, me vino a la cabeza una idea que agrupaba a todos: proponer a nuestros lectores desafíos presentados por gente de la RSME, celebrar así el centenario de la sociedad y, de paso, promocionar nuestra colección de matemáticas, con la que premiaríamos a los acertantes. En tiempo récord, porque el primer libro salía el domingo, el viernes 18 de marzo el propio Quirós presentaba en vídeo a los lectores el desafío inaugural.

Al día siguiente tres noticias ocupaban con suficiencia el podio de lo más leído en la web de EL PAÍS. Los aliados se habían decidido por fin a atacar al régimen de Gadafi. Seguía la incertidumbre en torno a la central nuclear de Fukushima, golpeada por el tsunami una semana antes. Y un señor barbudo con esa imagen que tenemos de los sabios despistados —aunque no sea en absoluto despistado, pero sabio sí— mostraba un mapa de carreteras y ciudades y retaba a los lectores a recorrerlas todas y volver a la salida sin pasar dos veces por el mismo lugar. Unos 120.000 internautas pincharon el vídeo y 3.400 enviaron sus soluciones. Acababan de nacer, con un éxito inesperado para sus promotores, nuestros desafíos matemáticos.

No es tan difícil triunfar un día. Lo complicado era mantener el pulso durante 30 semanas, que luego fueron diez más, en parte porque el éxito de nuestros problemas llevó a *marketing* a prolongar la promoción. Pero entre todos lo conseguimos. Adolfo movilizó a matemáticos de toda España para que plantearan los desafíos y hasta logró que el futbolista internacional Juan Mata propusiera uno de ellos. Yo prolongué mi jornada para que, más o menos puntualmente, salieran los retos y las soluciones, y adonde no pude llegar llegó la generosidad de mi compañero José Luis Aranda, cómplice de esta aventura. Y la profesionalidad y la paciencia de los chicos de Multimedia, Paula Casado, Álvaro Rodríguez de la Rúa y Luis Almodóvar, se plasmaron en unos vídeos de estupenda calidad.

Ya lo sé: tampoco inventamos la rueda. Fue una iniciativa simpática, original y didáctica que tuvo cierta repercusión, aunque sin trascendencia cósmica. Pero me hacía ilusión contarles cómo arrancó porque tras 15 años en este oficio del periodismo, y hasta ahora que emprendo una aventura al otro lado del océano, es el proyecto del que estoy más orgulloso, en el que he puesto más cariño y el que me ha hecho más feliz.

Aclaro que no soy experto en números. Estudié Bachillerato mixto, me quedé en las integrales y las derivadas y no sacaba las mejores notas en esa asignatura. Pero desde niño, seguramente por influjo de mi abuelo Manolo, me apasionan la matemática recreativa y los acertijos de lógica. Me encantan y voy más allá: creo que al que no le gusten es porque no se ha puesto a ello, por pereza o por un trauma infantil provocado por alguna mala pedagogía. Lo siento, en eso soy absolutamente intransigente.

Y para animar a quienes tuercen el gesto cuando se enfrentan a un desafío más complicado que una suma, voy a explicar los dos mejores motivos que encuentro para amar esta ciencia. A ver si evangelizo a algún escéptico. Primero, las matemáticas son divertidas. Me ofrecen un entretenimiento barato, sano e inagotable.

Les cuento un ejemplo: hace un mes compré un libro con problemas numéricos y de ingenio. Resolví bastantes pero uno se me resistió, lo memoricé y desde entonces lo uso como antídoto contra el aburrimiento. Cuando el metro se para entre dos estaciones, en los viajes trasatlánticos en los que ya no sé como distraerme, cuando intento dormir y el sueño no llega, hago gimnasia mental y pienso en el problema. Sé que algún día lo resolveré y, les garantizo, sentiré una alegría no menor a la del futbolista que marca un gol en un partido clave o a la del arqueólogo que encuentra el sarcófago de un faraón tras meses de picar piedra.

Y segundo, dan certezas. A las personas moderadas, que vemos grises donde otros ven blancos y negros, nos cuesta expresar ideas demasiado contundentes sobre casi nada y agradecemos que los números nos den verdades indubitables a las que agarrarnos. Me cuesta ensalzar o denostar de plano, sin hacer muchos matices, la labor de un político o el juego de un equipo de fútbol. Pero puedo llegar a la violencia verbal si alguien pone en duda que los números primos son infinitos. Porque sé demostrar que no se terminan nunca, igual que no se acaba la felicidad que pueden proporcionarnos las matemáticas si tenemos la paciencia de escucharlas.

Bernardo Marín García,
periodista responsable de la
delegación de El País en México.

Introducción

En marzo de 2011, con ocasión de la celebración del Centenario de la Real Sociedad Matemática Española (RSME), Bernardo Marín, periodista del diario *El País*, me propuso presentar en la web del periódico una serie de problemas para los lectores. Gracias a la colaboración de un gran equipo, el proyecto salió adelante en forma de vídeos en los que cada semana se proponía un desafío matemático que se resolvía, también en vídeo, a la semana siguiente. Creo que no es pecar de inmodestia decir que la iniciativa fue un éxito, ya que los cuarenta desafíos que finalmente se presentaron recibieron, en su conjunto, cerca de un millón de visitas[1].

El interés mostrado por los lectores nos hizo pensar en dejar testimonio permanente de los desafíos y, de paso, pulir los inevitables defectos consecuencia del ritmo acelerado de trabajo al que obligaba la publicación semanal en la web. La RSME encontró un apoyo entusiasta en la Editorial SM, en el marco de la colección conjunta Biblioteca Estímulos Matemáticos.

El resultado es el libro que tienes entre las manos, una obra coral con sesenta autores de muy diversas edades y categorías profesionales y académicas. Autores que representan las diversas formas de hacer, enseñar, aprender, aplicar o disfrutar las matemáticas: estudiantes de ESO y Bachillerato, universitarios y licenciados con máster o doctorado; profesores de instituto y universidad; profesionales de la industria o del sector servicios, deportistas... Una gran variedad que deseamos que se corresponda también con nuestro público lector.

La versión escrita que aparecía en la web de El País, tanto de los planteamientos como de las soluciones, estaba concebida solo como complemento a los vídeos. Para la presente

[1] Si algún lector está interesado en conocer detalles de cómo se desarrolló el proyecto, puede consultar el artículo publicado en La Gaceta de la RSME, vol. 15 (2012), núm. 1, págs. 41-52 (accesible en la página web de la revista, http://gaceta.rsme.es/).

publicación, los autores han podido tomar en consideración los comentarios que recibieron en su día, detectar los puntos confusos del original, desarrollar con más cuidado algún aspecto y, en ocasiones, añadir información adicional sobre el desafío que cada uno proponía.

Estamos, por tanto, convencidos de que los cuarenta desafíos volverán a ser interesantes también para quienes se enfrentaron a ellos ya en 2011. Si los resolvieron todos –algún caso hubo–, ahora encontrarán material complementario y otras referencias; si alguno se les resistió, el contexto les ayudará a resolverlo. Y para quienes no se atrevieron o no llegaron a conocer la iniciativa en la web, podrán enfrentarse, con calma y siguiendo el orden que deseen, a cuarenta desafíos matemáticos muy diversos que no requieren grandes conocimientos técnicos.

La diversidad es, en mi opinión, uno de los valores que aporta el formato elegido. El libro no está concebido como un material didáctico que enseñe a resolver problemas, sino como una colección de retos para la mente inquieta. Por eso elegimos el nombre "desafíos" –y no "problemas"– y por eso se ha respetado la forma de exponerlos de los distintos autores. De hecho pensamos que abordar estos desafíos puede suponer, salvando las evidentes distancias, una experiencia similar a la que se tiene cuando se hace investigación en matemáticas.

- Al contrario de lo que sucede habitualmente en la enseñanza reglada, los investigadores se enfrentan a problemas[2] que no están clasificados: se tiene una idea de en qué campo se enmarca, pero no se sabe si es un "problema de...".
- No se conoce *a priori* qué herramientas habrá que usar para resolverlos.
- Unos problemas se resisten más que otros. Y no siempre está claro al empezar a trabajar cuánto se van a resistir. Por eso es frecuente que los investigadores den vueltas a varios problemas simultáneamente, pasando de uno a otro, bien para refrescarse pensando de un modo distinto, bien confiando en que las ideas que resulten útiles en un caso puedan ayudar en otro.
- Unas veces las soluciones cierran completamente un problema concreto; otras veces de la solución surgen nuevos casos o generalizaciones de interés. En ocasiones, lo que empezó como una pregunta específica adquiere vida propia y da lugar a toda una teoría.

Hemos intentado reflejar todo esto en la estructura y presentación del libro:

- Los desafíos están ordenados en diez capítulos temáticos con fronteras difusas –¿no son acaso geometría los triángulos?–. La decisión sobre dónde poner cada uno ha sido fundamentalmente "estética": si al lector le ha gustado un desafío, quizá disfrute con

[2] Espero que se disculpe la aparente contradicción que supone usar ahora este término.

los demás del capítulo. Pero, teniendo en cuenta lo personal de los gustos, no garantizamos haber acertado.

- La clasificación por capítulos tiene poco que ver con las herramientas que se han de utilizar en los desafíos. Por supuesto, como sucede en la investigación, hay técnicas que se sabe que son útiles en un determinado campo. Por ejemplo, es importante conocer propiedades y fórmulas para los triángulos. Pero también hay herramientas que se pueden utilizar en contextos variados. Un caso notable en este libro es el llamado "principio del palomar". El lector lo encontrará varias veces en distintos capítulos, pero no necesita saber su nombre para usarlo (también esto es frecuente en investigación).

  En todo caso, lo más importante para resolver los desafíos es el ingenio y la perseverancia. Los conocimientos técnicos necesarios no superan en ningún caso los del bachillerato de Ciencias. Es más, me atrevo a decir que, con la excepción quizá del capítulo dedicado a la probabilidad, todos los desafíos se pueden resolver con lo que se aprende hasta los dieciséis años y pensando ordenadamente. Y en muchos solo hace falta pensar ordenadamente, así que no hay límite ni inferior ni superior de edad para atacarlos.

- El libro es una obra colectiva, pero no conjunta. Aparte de los obvios requisitos editoriales, cada uno de los autores o equipos de autores ha tenido libertad para presentar su contribución como ha considerado más oportuno. Resulta así que los cuarenta desafíos son totalmente independientes, tanto en contenido como en estilo. Se puede decidir qué orden seguir, dejar uno para más tarde, pensar en varios a la vez, abandonar los que no nos resulten atractivos o, por el contrario —ya hemos mencionado lo personal de los gustos—, enfrascarse en alguno que nos atraiga especialmente hasta seguir todas las pistas abiertas en la correspondiente sección "Más información".

- La diversidad alcanza también a esas secciones de "Más información". Algunos desafíos se abren y cierran casi en sí mismos. Otros son un pico en una cordillera, y los autores aprovechan para indicarnos qué otras montañas próximas podemos intentar escalar. En ocasiones son ejemplos de teorías completas y el "Más información", quizá algo más técnico en esos casos, nos las presentan con unas pinceladas. Hay incluso desafíos que han permitido a los autores guiarnos hacia problemas abiertos.

¿Qué tipo de desafíos proponen los diferentes capítulos?

El capítulo 1, "Estrategia", pide encontrar estrategias óptimas para cuatro "juegos" distintos. Este capítulo no requiere ningún conocimiento matemático, solo pensar estructuradamente. No obstante, uno de los desafíos está estrechamente relacionados con investigación activa hoy día en Teoría Aditiva de Números.

El segundo capítulo, "Cuadrados y rectángulos numéricos", presenta cuatro desafíos que requieren "distribuir números espacialmente". Dos de ellos tratan sobre cuadrados mágicos en sentidos diferentes del habitual. Hay dos con otro sabor que pueden verse como "aplicación lúdica" de las matemáticas escolares.

Los tres desafíos del capítulo 3 son muy distintos. Los une el título: "A contar". Uno de ellos plantea un problema real de "matemática electoral". Los otros dos encierran resultados matemáticos importantes que no es necesario conocer para resolver los desafíos, pero puede ser una buena ocasión para aprenderlos.

El nombre del capítulo 4, "Triángulos", es suficientemente explícito. Los cuatro desafíos, de dificultad variable, permitirán utilizar algunas de las fórmulas conocidas y también descubrir (¿o refrescar?) un par de teoremas importantes sobre los polígonos aparentemente más sencillos.

Los seis desafíos del capítulo 5 tratan de decidir si "¿Se puede o no se puede?" realizar una cierta tarea o llevar un sistema a un estado determinado. Esto tal vez confunda a algunos lectores, dado que contradice la idea muy extendida de que "las matemáticas siempre dan un resultado". Sin embargo, es quizá uno de los capítulos en que con más fuerza aparece la forma matemática de pensar, dado que "no se puede" no significa –como con frecuencia en la vida diaria– "no soy capaz" o "no se me ocurre cómo", sino "he dado una demostración de que nadie será capaz de hacerlo". Por su parte, "se puede" quiere decir "he encontrado un procedimiento –un algoritmo en jerga técnica– que garantiza, sin dejar lugar a dudas, llegar al resultado deseado". Y de paso alguno de los desafíos nos adentra en áreas que son de gran importancia en las aplicaciones de las matemáticas.

La palabra "Aritmética" en el título del capítulo 6 no se refiere a operar con las cuatro reglas, sino a estudiar las propiedades profundas de los números enteros y, por tanto, sus cinco desafíos podrían encuadrarse en lo que en matemáticas se conoce como Teoría de Números. El lector podrá ver en acción algunas ideas básicas de este campo y encontrará alguna información sobre la aplicación de la matemática avanzada a la criptografía.

El capítulo 7, "Recubrimientos", es quizá el más homogéneo. Sus tres desafíos se preguntan cómo cubrir una mesa con piezas, manteles o círculos. Podría parecer lo mismo, pero el lector que aborde los tres descubrirá que no siempre problemas parecidos se resuelven de la misma manera.

El capítulo 8 se llama "¡Vaya números!". Podríamos haber incluido sus tres desafíos en el capítulo sobre aritmética, pero hemos decidido agruparlos en un capítulo separado para destacar su característica común: los números que se buscan son tan grandes que es literalmente imposible resolver los desafíos probando casos con ayuda de un ordenador. Los ordenadores son, sin duda, una herramienta cada vez más útil, también para los matemáticos, pero no es posible sustituir completamente la matemática por ellos.

El capítulo 9, "Probabilidad", puede parecer un poco más técnico que los demás. Pero el lector no debe arredrarse: para atacar los tres desafíos no son necesarios conocimientos profundos. Y al final, aunque no se mencionen, se habrá aprendido algo sobre conceptos tan esotéricos y tan útiles como los procesos estocásticos o la forma de generar números aleatorios. Teniendo en cuenta que el estudio de la probabilidad tiene su origen en los juegos de azar, no es de extrañar que uno de los desafíos sea sobre apuestas.

La "Geometría" del capítulo 10 ya había aparecido en los capítulos sobre triángulos y recubrimientos, pero aquí se reúnen cinco desafíos en los que se trata de construir objetos geométricos que resuelvan distintos problemas. Entre ellos los hay de optimización, y uno sirve como excusa para hablar de algo tan importante como la clasificación de superficies.

¡Que los disfrutéis!

Agradecimientos

Sin Bernardo Marín, Berni para los amigos, que tuvo la idea original de "los desafíos matemáticos", el proyecto no habría nacido. Y sin José Luis Aranda, que se ocupó de él cuando las obligaciones profesionales de Berni lo llevaron por otros derroteros, sin duda habría descarrilado. A estos dos periodistas, demostración viva de que ciencias y letras no son conceptos antagónicos, mi más sincero agradecimiento. Por todo. Y a Berni, además, por aceptar prologar el libro.

El diario El País mantuvo durante cuarenta semanas los desafíos matemáticos en la portada de su web. Y, cuando eso acabó, Editorial SM recogió con entusiasmo el testigo de plasmar en papel el proyecto. Que estos dos grandes grupos hayan colaborado con la iniciativa más visible de nuestro centenario merece el reconocimiento y un profundo agradecimiento por parte de la RSME.

La pieza imprescindible en todo esto han sido los autores, que prepararon desafíos, en ocasiones con muy poco tiempo, superaron el miedo que, puedo asegurarlo, provocan las cámaras y, ahora, han vuelto a buscar tiempo para dar a los desafíos una forma adecuada a su publicación como libro. A todas y a todos, a los cincuenta y nueve sin excepción, ¡muchas gracias!

Y, siendo sesenta los autores, todavía quedan muchos colaboradores entre bambalinas fundamentales para el éxito de la misión: Julio Bernués, que coordinó los desafíos de Zaragoza (aunque debe quedar claro que Julio es oscense); Rafael Crespo, que hizo la misma tarea en Valencia (los coordinadores en otras ciudades figuran entre los autores); y la gente del Proyecto Estalmat, Marta Berini y Antoni Gomà en Cataluña y María Gaspar y Eugenio Hernández en Madrid, quienes, desde su inmensa experiencia, nos ayudaron en la búsqueda de autores y desafíos. Este libro es también vuestro.

Y, por último, mi equipo, sin el que los desafíos habrían acabado mucho antes del número cuarenta o yo habría muerto en el intento: M.ª Jesús Carro, Patricio Cifuentes, Javier Cilleruelo y María Moreno. Muchas gracias por estar siempre disponibles. Os debo una o dos.

Adolfo Quirós Gracián
Universidad Autónoma de Madrid

Capítulo 1
Estrategia

Cómo elegir un equipo goleador

Juan Mata

Coordinador de los Desafíos del Centenario de la RSMEEn un colegio, dos alumnos que son porteros de fútbol deciden organizar un partido de fin de curso. Formarán los equipos eligiendo cada uno diez jugadores, chicos y chicas, entre veinte de sus compañeros. Para ello, los veinte jugadores se ponen en fila y cada uno de los porteros ha de ir escogiendo de manera alternativa a uno de los dos jugadores que vayan quedando en los extremos de la fila.

Los porteros conocen el número de goles que cada uno de los jugadores marcaron en un torneo anterior. El objetivo de ambos es conseguir un equipo tal que la suma de goles marcada por sus jugadores en el torneo anterior sea superior a la del equipo contrario.

Por ejemplo[3] , si en la camiseta de cada jugador está escrito el número de goles que ha marcado y el orden inicial es como este:

[3] En el ejemplo no hemos escrito todos los números ni dibujado todos los jugadores para que quede claro que el desafío no se refiere a un caso concreto sino a una estrategia general.

Entonces el primer portero podrá elegir al jugador que ha marcado 10 goles o al que ha marcado 15. Si elige al que ha marcado 15, el segundo portero se encontrará ante esta situación:

y podrá elegir o bien al jugador con 10 goles o bien a la jugadora con 20 goles.

La primera parte del desafío consiste en demostrar que, independiente de la forma en que se coloquen los jugadores y de los goles que hayan marcado, existe una estrategia con la que el primero que elige nunca pierde, es decir, puede haber empates pero el número de goles del equipo del primero en elegir siempre es mayor o igual que el del segundo que elige.

El desafío tiene una segunda parte que consiste en dar respuesta a varias preguntas. Si la elección de los jugadores se hace entre un grupo de veintiuno (se entiende que quedará un jugador sin jugar), ¿existe una estrategia ganadora para el primero en elegir?, ¿existe una estrategia ganadora para el segundo?, ¿o no hay ninguna estrategia que garantice ganar siempre a uno de los dos?

Solución

Para la primera parte basta darse cuenta de que si enumeramos los veinte jugadores del 1 al 20 y de izquierda a derecha, es decir, 1, 2, 3, 4, 5, 6, 7, 8, 9, 10, 11, 12, 13, 14, 15, 16, 17, 18, 19, 20, el primero en elegir puede decidir si empieza por el jugador número 1 o por el jugador número 20: tiene la opción de elegir un jugador en posición impar o un jugador en posición par.

El primer paso de la estrategia ganadora consiste, por un lado, en sumar el número de goles marcados en el torneo anterior por todos los jugadores que están en posición par y, por otro, hacerlo con los que están en posición impar. Si la suma de los goles marcados por los que están en posición impar es mayor o igual que la de los pares (por ejemplo, si los jugadores se colocan de la siguiente manera, donde los impares han marcado 79 goles y los pares 75), el portero que elige en primer lugar puede intentar quedarse con todos los jugadores situados en una posición impar; para ello empieza por elegir al jugador número 1.

En este caso, el portero que escoge en segundo lugar está entonces obligado a elegir un jugador que se encuentra en posición par (entre las de partida), ya que solo puede quedarse con el 2 o con el 20. Tanto si elige el 2 como si elige el 20, deja al portero que escoge en primer lugar la posibilidad de elegir un jugador que se encuentre en posición impar, el 3 (si el segundo ha seleccionado el 2) o el 19 (si el segundo ha elegido el 20). En ambos casos, obliga de nuevo al portero que elige en segundo lugar a coger un jugador que está en posición par. Y así sucesivamente.

Es decir, si el portero que elige en primer lugar escoge el jugador número 1, automáticamente tiene la opción de elegir a todos los jugadores que están en posición impar y por tanto consigue su objetivo (recordemos que estamos suponiendo que la suma de los goles marcados por los que están en posición impar es mayor o igual que la de los que están en posición par).

Si la suma de los pares fuese mayor, el primer portero empezaría por elegir el 20, forzando al segundo a elegir un impar y así sucesivamente.

En cuanto a la segunda parte del desafío, si se ha de escoger entre veintiún jugadores no hay estrategia posible que garantice que gana siempre uno de los dos porteros. Para comprobarlo vamos a ver un caso en el que gana claramente el primer portero en elegir y otro en el que puede ganar claramente el segundo.

- **Ejemplo número 1:** Todos los jugadores marcaron en el torneo anterior un gol, menos el que está en primera posición, que marcó dos:

2-1-1-1-1-1-1-1-1-1-1-1-1-1-1-1-1-1-1-1-1-1-1-1

Evidentemente, el primero que elige escoge el jugador 1 (el que marcó dos goles) y consigue el objetivo. Es decir, no hay estrategia posible para el que elige en segundo lugar.

- **Ejemplo número 2:** Todos los jugadores marcaron en el torneo anterior un gol, menos el que está en posición 2 que marcó dos goles:

  1-2-1-1-1-1-1-1-1-1-1-1-1-1-1-1-1-1-1-1-1-1

  En este caso, el que elige en primer lugar está obligado a elegir el que está en posición 21. Ambos jugadores evitarán, mientras sea posible, escoger al primero de la fila, porque, en caso contrario, el mejor jugador, situado en posición 2, quedaría libre para ser elegido por el portero contrario.

Como los dos advierten esta circunstancia, el segundo elegirá al 20, el primero al 19, el segundo al 18, etc., y el primero en elegir se encontrará necesariamente ante esta situación:

Llegados a este punto, haga lo que haga este primer portero, la jugadora que ha marcado dos goles será elegida por el segundo. Por tanto, ganará el segundo, independientemente de la estrategia seguida por el primero.

Más información

La estrategia propuesta en la primera parte del desafío es ganadora si los jugadores situados en posiciones pares e impares no han marcado el mismo número de goles.

En el caso de que los goles totales de los dos grupos sean los mismos, si el primer portero sigue esa estrategia solo conseguirá empatar con el segundo. Aunque así se cumplirían las condiciones del desafío, la estrategia presentada en este caso no sería óptima.

Hay otra estrategia que, garantizando el empate, puede permitir al primer portero ganar estrictamente.

Supongamos por ejemplo que los goles marcados han sido:

1-2-2-0-0-0-0-0-0-0-0-0-0-0-0-0-0-0-0-1-2

en cuyo caso, los goles marcados por los jugadores pares y los impares suman 4. El primer portero ganaría si comenzara por el extremo derecho (dos goles), lo que obligaría a que el segundo se quedara en este paso con un solo gol. Ahora tendríamos un problema de 18 jugadores al que aplicaríamos la estrategia no perdedora, lo que nos garantizaría la victoria en el caso de 20 jugadores.

Esta idea de que el primero en elegir vuelva a evaluar la situación en cada uno de sus turnos constituye una estrategia mejor, aunque más compleja.

Veamos cómo aplicar la estrategia anterior a un ejemplo más elaborado, aunque lo haremos solo con ocho jugadores para simplificar —se puede completar con ceros intermedios para tener veinte jugadores—.

Los goles se distribuyen así:

$$\underline{3}\text{-}4\text{-}\underline{3}\text{-}1\text{-}\underline{1}\text{-}2\text{-}\underline{2}\text{-}2$$

donde subrayamos los jugadores que están inicialmente en posición impar:

El primer portero evaluaría las sumas:

$$\text{Impares} = 3 + 3 + 1 + 2 = 9 \qquad \text{Pares} = 4 + 1 + 2 + 2 = 9$$

Son iguales, por lo que elegiría entre los dos extremos al que más goles tiene, 3.

Ahora el segundo se encontraría ante esta situación:

$$4\text{-}\underline{3}\text{-}1\text{-}\underline{1}\text{-}2\text{-}\underline{2}\text{-}2.$$

Estaría, por tanto, forzado a elegir un jugador situado originalmente en posición par, el conjunto de los cuáles le permitiría, como mucho, empatar. Independientemente del jugador elegido, al primer jugador volvería a una situación en la que podría valorar y elegir pares o impares según le conviniera.

Así, si el segundo eligiera al último jugador (que ha marcado dos goles) dejaría al primero ante la situación:

$$4\text{-}\underline{3}\text{-}1\text{-}\underline{1}\text{-}2\text{-}\underline{2},$$

y, aplicando la estrategia original, este se quedaría con los números no subrayados, sumando en total diez goles, con lo que el segundo perdería.

Si, por el contrario, el segundo eligiera el 4, el primero se encontraría con esta situación:

$$\underline{3}\text{-}1\text{-}\underline{1}\text{-}2\text{-}\underline{2}\text{-}2.$$

Esta vez, de nuevo aplicando la estrategia original, el primero optaría por los números subrayados, lo que otra vez le garantizaría un total de diez goles. Es decir, hiciera lo que hiciera el segundo jugador, el primero podría ganar.

Observa que en todos los pasos hemos sumado el total de goles marcados por los jugadores pares e impares todavía no elegidos. Con más jugadores, la situación podría hacer que en distintas rondas el primer portero pasase de elegir jugadores pares a impares, o viceversa, tras evaluar en cada caso cuántos goles le aportarían los jugadores en cada tipo de posición.

Es importante hacer notar que no basta tener en cuenta los goles de los dos jugadores situados en los extremos y sus vecinos —los que en el primer momento llevan los números 1, 2, 19 y 20 en nuestra solución— y elegir mirando únicamente si han marcado más goles el 1 y el 19 o el 2 y el 20. La dificultad estriba en que el segundo jugador no tiene por qué limitarse a elegir entre estos. Veamos un ejemplo.

Supongamos que los goles marcados son:

4-6-25-0-0-0-0-0-0-0-0-0-0-0-0-0-0-0-5-5.

> El primero compararía los extremos 4-6-...-5-5, y vería que el 1 y el 19 han marcado nueve goles y el 2 y el 20 han marcado once. Elegiría, por tanto, al jugador 20 (cinco goles). Si el segundo eligiera al 1 (cuatro goles), el primero, siguiendo su estrategia, elegiría al 2 (seis goles). Pero entonces el segundo no estaría obligado a elegir al 19 (cinco goles), sino que podría «salirse de la estrategia» y elegir al 3, que con sus 25 goles le garantizaría un equipo ganador.

Este mismo ejemplo muestra por qué no es buena idea elegir siempre al jugador que más goles haya marcado entre los dos disponibles en cada momento.

Pesando Tornillos

Belén Alcázar de Velasco Ayape, Dana Calderón Díaz, Irene Carmona del Val, Jimena González Alcalde, Daniel de Maeseneire Martínez, Patricia Novo Muñoz y Javier Quirós García

Tenemos seis cajas con trece tornillos en cada una. Todos los tornillos tienen el mismo aspecto pero en tres de las cajas los tornillos pesan seis gramos cada uno y en las otras tres cajas, pesan cinco gramos. Se dispone de una báscula de precisión, no una balanza.

¿Cuál es el mínimo número de pesadas que se necesitan para decidir qué cajas contienen los tornillos de cinco gramos y de qué manera se haría?

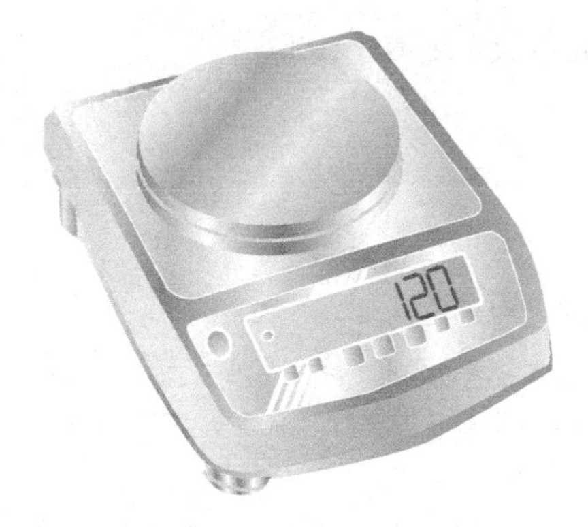

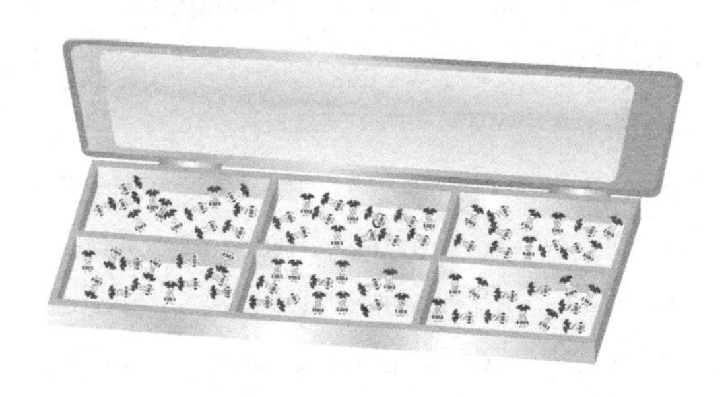

Solución

Vamos a intentar hacerlo con una sola pesada

Tenemos que pesar simultáneamente una cierta cantidad de tornillos de cada caja. Si el total de tornillos que pesamos es N, el peso será $5N$ más el número de tornillos que hayamos usado de las tres cajas con tornillos de seis gramos.

Un primer intento poniendo 1 tornillo de la caja *A*, 2 de la *B*, 3 de la *C*, 4 de la *D*, 5 de la *E* y 6 de la *F*, nos da la pista de cómo proceder. En este caso tendremos 21 tornillos en la báscula. Como $21 \times 5 = 105$, los gramos que esta marcara de más nos indicaría el número de tornillos de seis gramos en el báscula.

Caja	*A*	*B*	*C*	*D*	*E*	*F*	TOTAL
Tornillos	1	2	3	4	5	6	21

Por ejemplo, si la báscula marcara 112 g sabríamos que hay siete tornillos de seis gramos. Como 7 se puede escribir de una única manera como suma de tres de los números 1, 2, 3, 4, 5 y 6: $7 = 1 + 2 + 4$, los tornillos de seis gramos estarían en las cajas *A*, *B* y *D*.

El problema surge si la báscula marca por ejemplo 115 g, pues así sabríamos que hay diez tornillos de seis gramos. Pero en este caso 10 se puede escribir de tres formas distintas como suma de tres de esos números ($10 = 1 + 3 + 6 = 2 + 3 + 5 = 1 + 4 + 5$) y, por tanto, los tornillos de seis gramos podrían venir de las cajas *A*, *C* y *F*; de las *B*, *C* y *E*; o de las *A*, *D* y *E*, con lo que no podríamos determinar qué cajas los contienen.

Así pues, necesitamos conseguir seis números entre 0 y 13 –que serán la cantidad de tornillos que cojamos de cada caja– de manera que todas las sumas de tres de ellos sean siempre números distintos para que no ocurra como en el caso anterior: $1 + 3 + 6 = 2 + 3 + 5$. En particular, las sumas de dos de ellos también deben ser números distintos para que no ocurra como en $\mathbf{2} + \mathbf{3} + 5 = \mathbf{1} + \mathbf{4} + 5$.

Después de varios intentos nos damos cuenta de que debemos usar el 0:

Caja *A*: 0

Caja *B*: 1

Caja *C*: 2

Caja *D*: 4 (hemos descartado el 3 pues $0 + 3 = 1 + 2$).

Caja *E*: 7 (hemos descartado el 5 y el 6 porque $0 + 5 = 1 + 4$ y $0 + 6 = 2 + 4$)

Caja *F*: 13 (descartamos el resto porque $0 + 8 = 1 + 7$, $0 + 9 = 2 + 7$, $1 + 10 = 4 + 7$, $0 + 11 = 4 + 7$ y $0 + 1 + 12 = 2 + 4 + 7$).

Caja	*A*	*B*	*C*	*D*	*E*	*F*	TOTAL
Tornillos	0	1	2	4	7	13	27

En total hemos puesto 27 tornillos en la báscula. Como $5 \times 27 = 135$, si, por ejemplo, la báscula marca 142 g sabremos que hay 7 tornillos de seis gramos. Como la única forma de escribir 7 con los números 0, 1, 2, 4, 7 y 13 es $7 = 1 + 2 + 4$, los tornillos de seis gramos están en las cajas *B*, *C* y *D*. Si la báscula marcara 153 gramos, habría 18 tornillos de seis gramos ($18 = 1 + 4 + 13$) y estarían en las cajas *B*, *D* y *F*.

La siguiente tabla resume todos los casos.

	PESO	*A*	*B*	*C*	*D*	*E*	*F*
1	138	6	6	6	5	5	5
2	140	6	6	5	6	5	5
3	141	6	5	6	6	5	5
4	142	5	6	6	6	5	5
5	143	6	6	5	5	6	5
6	144	6	5	6	5	6	5
7	145	5	6	6	5	6	5
8	146	6	5	5	6	6	5
9	147	5	6	5	6	6	5
10	148	5	5	6	6	6	5
11	149	6	6	5	5	5	6
12	150	6	5	6	5	5	6
13	151	5	6	6	5	5	6
14	152	6	5	5	6	5	6
15	153	5	6	5	6	5	6
16	154	5	5	6	6	5	6
17	155	6	5	5	5	6	6
18	156	5	6	5	5	6	6
19	157	5	5	6	5	6	6
20	159	5	5	5	6	6	6

Otras soluciones

La solución no es única. Si empezamos poniendo 13 tornillos de la caja *A* obtenemos la solución complementaria (restando de 13):

Caja	A	B	C	D	E	F	TOTAL
Tornillos	13	12	11	9	6	0	51

Tenemos además otra opción y su complementaria,

Caja	*A*	*B*	*C*	*D*	*E*	*F*	TOTAL
Tornillos	0	1	2	7	10	13	33
Tornillos	13	12	11	6	3	0	45

lo que hace un total de cuatro soluciones. No obstante, la primera solución es la que requiere pesar menos tornillos.

Decimos que hay solo cuatro soluciones porque no importa de qué caja se tome cada número de tornillos. Si queremos tomar en consideración las 720 maneras en que podemos ordenar las cajas, las soluciones serían 2880.

Más información

Como hemos visto, el problema se reduce a encontrar un conjunto de seis números en $\{0,1,\ldots,13\}$ de tal manera que todas las posibles sumas de tres de ellos sean diferentes. A los conjuntos con esa propiedad se los denomina conjuntos B_3.

En general se llama conjuntos B_h a los conjuntos de números con la propiedad de que todas las posibles sumas de h elementos del conjunto son distintas. Los conjuntos B_2 son los más conocidos y se los denomina también *conjuntos de Sidon.*

Por ejemplo, el conjunto formado por estos diecisiete números es un conjunto de Sidon:

$$1, 6, 8, 18, 53, 57, 68, 81, 82, 101, 123, 139, 160, 166, 169, 192, 200$$

De hecho, este es el conjunto de Sidon con mayor número de elementos en el intervalo $[1, 200]$. Se sabe que, en general, un conjunto de Sidon en el intervalo $[1, n]$ tiene como máximo $\sqrt{n} + \sqrt[4]{n} + \frac{1}{2}$ elementos. En la otra dirección, existen, para infinitos valores de n, construcciones de conjuntos de Sidon en el intervalo $[1, n]$ con más de $\sqrt{n}$ elementos. ¿Cuál es el mayor número de elementos de un conjunto B_h en el intervalo $[1, n]$?

Si llamamos a ese número $F_h(n)$, de lo anterior se deduce que $F_2(n) \sim \sqrt{n}$ cuando n tiende a infinito. Es decir, $\lim_{n\to\infty} \frac{F_2(n)}{\sqrt{n}} = 1$.

Calcular el valor exacto de $F_h(n)$ para un valor concreto de n es un problema que solo se sabe resolver para valores pequeños de n, y por métodos computacionales. Ni siquiera se conoce una estimación aproximada para $F_h(n)$ cuando n es grande y $h \geq 3$. Aunque se conjetura que para $h \geq 3$ también es cierto que $\lim_{n\to\infty} \frac{F_h(n)}{\sqrt[h]{n}} = 1$, este es un problema muy difícil que todavía no se ha logrado resolver.

Los conjuntos de Sidon se pueden generalizar a dos dimensiones. Ahora los elementos son puntos en el plano, con coordenadas enteras, tales que las sumas de dos elementos cualesquiera del conjunto –interpretados como vectores– son todas distintas. Esto es equivalente a afirmar que, como ocurre en el ejemplo de la figura, todos los vectores que podemos obtener uniendo pares de puntos del conjunto son distintos. De otra manera más visual, no hay cuatro puntos en el conjunto que sean los vértices de un paralelogramo.

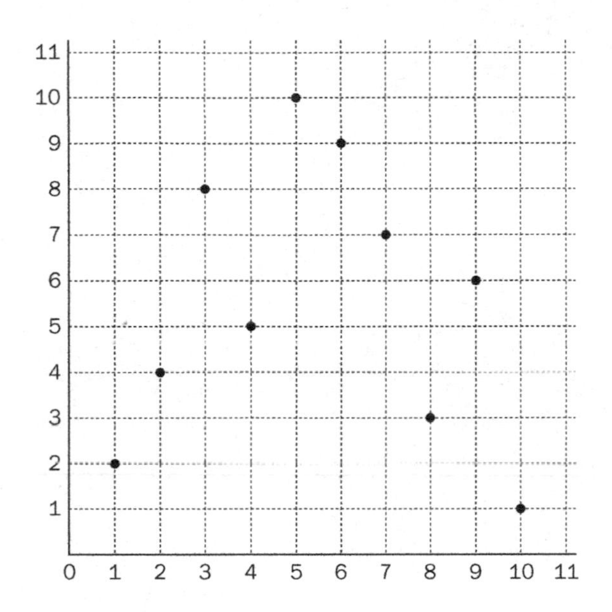

Referencias

- J. CILLERUELO, SIDON: sets in N^d. *Journal of Combinatorial Theory* Ser. A vol. 117, nº7 857-871, 2010.

- P. ERDÖS: and *P. Turán, On a problem of Sidon in additive number theory, and on some related problems*, J. London Math. Soc. 16, 212-215, 1941.

Una cuestión de sombreros

Glenier Lázaro Bello Burguet y Javier Lázaro Huerta

Se informa a treinta presos de que se les va a colocar formando una fila y se les va a poner un sombrero en la cabeza a cada uno, blanco o negro, sin especificar cuántos sombreros se pondrán de cada color. Cada preso solo verá los sombreros de los prisioneros que tiene delante pero no el suyo ni los de los presos que tiene detrás.

Un guardia irá preguntando sucesivamente a cada uno de los prisioneros desde el último —el que ve todos los sombreros pero no el suyo— hasta el primero —que no ve ninguno— de qué color es su sombrero. Los presos solo pueden contestar "blanco" o "negro". Si aciertan serán liberados y, si no, ejecutados. Todos los presos pueden escuchar las respuestas anteriores a las suyas.

Antes de comenzar, los presos, que conocen la prueba a la que van a ser sometidos pero naturalmente no de qué color serán sus sombreros, disponen de un tiempo para hablar entre ellos y elaborar una estrategia de grupo. No está permitido hacer inflexiones de voz, ni cambiar el tono o el volumen en la respuesta, deben responder "blanco" o "negro" sin más.

El desafío consiste en encontrar una estrategia para **salvar seguro** al mayor número de prisioneros. ¿Cuántos de ellos se salvan con certeza utilizando esta estrategia?

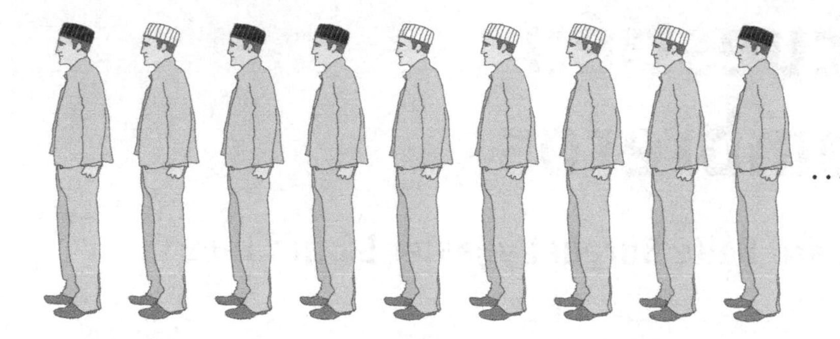

Solución

Hay una estrategia para salvar seguro a 29 presos

El primer preso al que pregunten, el que ve todos los sombreros menos el suyo, debe contar cuántos sombreros blancos hay (también podría hacerse con los sombreros negros, es indiferente). Si hay un número par de sombreros blancos contestará blanco (sería como si contestase par), y si hay un número impar de sombreros blancos contestará negro (sería como si dijese impar). Como él ha contestado en función de los sombreros que ha visto sin poder ver el suyo y sin ninguna pista, la probabilidad de que se salve es $1/2$.

El siguiente preso al que le pregunten contará de nuevo el número de sombreros blancos. Si ve un número par de sombreros blancos y el anterior dijo "blanco" (par) quiere decir que su sombrero es negro, así que diciendo "negro" se salvará. Sin embargo, si ve un número par y el anterior dijo "negro" (impar) entonces su sombrero es blanco y diciendo "blanco" se salvará. De igual forma debe actuar si al contar los sombreros que ve este segundo preso hay un número impar de sombreros blancos. En este caso deberá decir "negro" si el anterior dijo "negro" (impar) y deberá decir "blanco" si el anterior dijo "blanco" (par).

El resto de presos deberá actuar de manera análoga. Gracias a la respuesta del primer preso, todos sabrán si el número de sombreros blancos entre el primero y el vigésimo noveno es par o impar. Teniendo en cuenta la paridad del número de sombreros blancos que ve (los que están delante de él) y que, aunque no los vea, las respuestas anteriores (siempre acertadas) le permiten saber el color de los sombreros de los presos que ya han contestado, cada uno puede deducir de qué color es el suyo.

De esta forma 29 presos se salvarán seguro, y uno, el primero que habla, tiene una probabilidad $1/2$ de salvarse.

Más información

Enigma de Terence Tao

Terence Tao, ganador de la Medalla Fields en 2006, presentó en su blog otro interesante desafío basado en el concepto de *conocimiento compartido*. Él lo llama *el enigma de los isleños de ojos azules* y dice así:

"En una isla vive una tribu. La tribu la forman mil personas con ojos de diversos colores. Pero su religión les prohíbe conocer el color de sus propios ojos, e incluso hablar sobre ello; así que cada habitante puede ver, y de hecho ve, el color de los ojos de todos los demás, pero no tiene ninguna manera de saber el color de los suyos (en la isla no hay superficies reflectantes).

Si un miembro de la tribu descubre el color de sus propios ojos, su religión le ordena suicidarse ritualmente en la plaza del pueblo al mediodía del día siguiente para que todos sean testigos.

Todos los habitantes son muy devotos y extremadamente lógicos, lo que significa que cualquier isleño conocerá automáticamente todas las conclusiones que se puedan deducir lógicamente de la información y las observaciones de las que disponga. Además, todos saben que todos los demás son también muy devotos y extremadamente lógicos (y todos saben que todos saben que todos son muy devotos y extremadamente lógicos, etc.).

Resulta que, de los 1000 isleños, 100 tienen los ojos azules y 900 los tienen marrones, aunque los isleños no conocen inicialmente este dato, puesto que cada uno solo ve, naturalmente, los ojos de 999 de los 1000 miembros de la tribu.

Un buen día llega a la isla un extranjero de ojos azules que se gana la total confianza de la tribu.

Una noche habla ante toda la tribu para agradecerles su hospitalidad. Pero, al no conocer las costumbres locales, el extranjero comete el error de mencionar en su discurso el color de ojos, diciendo: 'que sorprendente resulta ver otra persona con ojos azules como los míos en esta parte del mundo'.

¿Qué efecto provoca en la tribu, si es que provoca alguno, esta metedura de pata?".

Como señala Tao, el principal interés del enigma reside en que es posible argumentar sólidamente a favor de dos respuestas opuestas[4].

---

[4] Si tras pensar en ello quieres saber cómo lo ven otros (y quizás las dos respuestas "contradictorias") puedes visitar http://terrytao.wordpress.com/2008/02/05/the-blue-eyed-islanders-puzzle/

Un país de palillos

Fernando Corbalán Yuste

El impulso del juego está en el ser humano desde sus inicios. Junto con él están las ganas de ganar. Ya decía Platón hace muchos siglos que "La vida merece ser vivida para jugar los más bellos juegos.... y ganar en ellos". No es casual que el gusto por jugar haya seguido vivo a lo largo del tiempo y continúe con el éxito actual de los videojuegos y la industria asociada con ellos.

Algunos juegos tienen lo que se llama una **estrategia ganadora**: un procedimiento para ganar siempre, cualquiera que sea el contrincante y sin importar las jugadas que haga.

Te proponemos a continuación tres juegos para que disfrutes con ellos. El desafío consiste en encontrar sus estrategias ganadoras para disfrutar todavía más. Cuando las tengas, si quieres, podrás ganar todas las partidas que juegues, con independencia de quién sea tu adversario. Todos son para dos jugadores, con lo que tendrá estrategia ganadora el primero o el segundo (el que comienza a jugar o el otro). Tendrás que decidir cuál de ellos es y qué tiene que hacer para ganar.

Con palitos iguales, o con segmentos si nos ponemos en plan técnico, dibujamos las letras que forman la palabra 'PAIS' (como se ve en el dibujo), con cinco palillos para las letras P, A y S, y cuatro palillos para la I, que nos servirá como tablero para los Juegos 1 y 2.

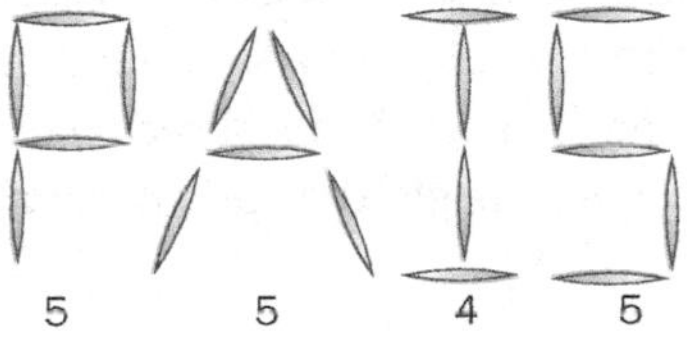

5 5 4 5

Juego 1

Cada uno de los dos jugadores, en su turno, quita uno, dos o tres palitos, los que quiera. Gana el jugador que retira el último palito (solo o con otros) o dicho de otra forma, aquel que no deja palitos a su contrincante.

Juego 2

Cada uno de los dos jugadores, en su turno, quita el número de palitos que quiera **pero de una sola letra**. Por ejemplo, puede quitar desde uno hasta cinco de la letra P, pero no de dos letras diferentes, una de la P y otro de la A. Gana el jugador que retira el último palito (solo o con otros).

Juego 3

Ahora hacemos una variación en el tablero para el tercer juego. Escribimos 'PAIS' con un cambio tipográfico y usamos seis, siete, cuatro y cinco palitos para cada una de las letras. Las reglas son las mismas que las del Juego 2: cada jugador puede retirar los palitos que quiera **pero de una sola letra**. Gana el que retira el último palillo.

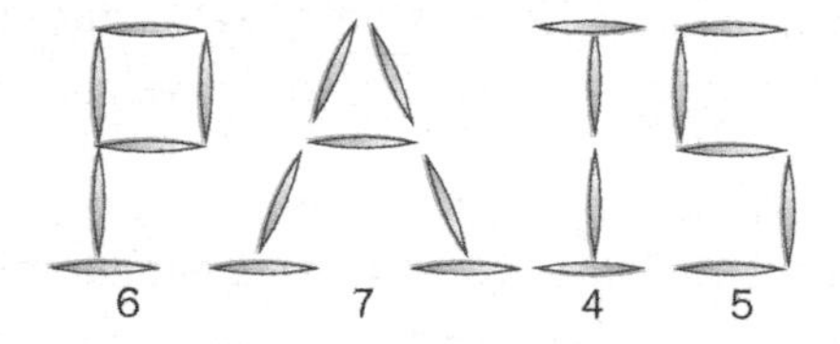

Recordamos que el desafío consiste en encontrar la estrategia ganadora de cada uno de los tres juegos. Para ello te invitamos a jugar unas cuantas partidas y, una vez familiarizado con el juego, que trates de encontrar la manera de ganar siempre.

Solución

Familia de juegos tipo Nim

Estos tres juegos forman parte de una familia de juegos del tipo Nim, en los que hay una serie de montones con objetos iguales (fichas, palillos, etc.) de los que en cada jugada se pueden retirar objetos de un solo montón. En todos ellos existe un método para encontrar la estrategia ganadora, que veremos en la solución del Juego 3. Pero en los dos primeros juegos la estrategia ganadora puede encontrarse directamente sin recurrir a ese método; basta utilizar alguna de las estrategias globales de pensamiento, como veremos a continuación.

Juego 1: Se puede encontrar la estrategia ganadora empezando por el final. Como entre los dos jugadores se puede asegurar que se quitan 4 palitos, si pasas 4 palitos al adversario habrás ganado. Para asegurarte de que llegas a esa situación, en la anterior tendrá que haber 8 y así sucesivamente un número de palillos múltiplo de 4. Como en el inicio hay 19 palillos, que no es múltiplo de 4, tendrá estrategia ganadora el primer jugador: comienza quitando 3 palillos (con lo cual quedan 16), y a partir de ese momento quita el complementario a 4 de los que ha quitado su contrincante, con lo que pasará a 12, 8, 4 y ganará.

Juego 2: Aquí se puede apelar a la simetría. Si pasamos a nuestro contrincante una situación simétrica y luego copiamos cada jugada suya (quitando el mismo número de palillos de una letra en la que queden los mismos palillos que tenía aquella en la que jugó el contrincante), nos aseguramos que si él tiene palillos para quitar, nosotros también tendremos. Esa situación simétrica de partida puede ser lograda por el primer jugador, quitando un palillo de la A, con lo que quedarán 5, 4, 4 y 5 palillos: a partir de ese momento solo tiene que copiar la jugada de su adversario.

Juego 3: Ahora hacen falta 6, 7, 4 y 5 palitos para cada una de las letras. Vamos a explicar la estrategia general aplicable a todos los juegos del tipo Nim y la ilustraremos con la situación del desafío.

La estrategia consiste en escribir el número de objetos de cada montón en base 2 y sumar de forma independiente cada uno de los órdenes de potencias de 2 que tenemos. En el desafío quedaría:

6	110
7	111
4	100
5	101
	422

Gana el primero que consigue pasar a su adversario una situación en la que la suma del número de potencias de cualquier orden es par. La razón es que en esas circunstancias, cualquier movimiento de nuestro adversario dará lugar a una situación en la que aparece algún número impar por lo que a continuación nosotros podemos siempre llegar de nuevo a una situación par.

Continuando con esa estrategia llegamos a una posición ganadora. En este caso, el jugador que tiene estrategia ganadora es el segundo porque, como hemos visto, escribiendo en base 2 las sumas resultan ser todas pares y cualquier jugada que hiciera el primer jugador llevaría a una situación que el segundo podría transformar en otra con todos los números pares. Una posible secuencia de juego sería (poniendo el jugador que juega, las fichas que deja y su suma por órdenes de potencia pasando a base 2):

1º (6345) – 322 → 2º (2345) – 222 → 1º (2341) – 122 → 2º (2301) – 22 →
1º (2101) – 12 → 2º (0101) – 2 → 1º (0100) – 1 → 2º (0000) GANADOR.

Capítulo 2
Cuadrados y rectángulos numéricos

Un cuadrado mágico especial

José Luis Carlavilla Fernández

Este cuadrado es mágico:

5	22	18
28	15	2
12	8	25

La suma de sus filas, columnas y diagonales principales, que llamaremos constante mágica, es 45. Observa que no se repite ningún número.

Pero, además, este cuadrado tiene algo especial. Si utilizamos como idioma el inglés y sustituimos cada uno de los números del cuadrado por el número de letras de la palabra con la que se escribe dicho número en ese idioma, es decir, el 5 lo sustituiremos por el 4, ya que la palabra *five* tiene cuatro letras, el 22 lo sustituiremos por el 9, porque *twenty two* tiene nueve letras, y así sucesivamente, obtendríamos el siguiente cuadrado mágico:

4	9	8
11	7	3
6	5	10

Llamaremos *especiales* a estos cuadrados mágicos en los que los números de letras de los nombres que denominan a cada uno de los números del cuadrado forman a su vez otro cuadrado mágico.

Por supuesto, el hecho de que un cuadrado sea especial depende del idioma utilizado. Te hemos presentado un cuadrado mágico que es especial si utilizamos como idioma el inglés; en cambio, no sería especial, si el idioma utilizado fuese el castellano.

¿Serías capaz de construir un cuadrado especial utilizando como idioma el castellano? Los cuadrados han de construirse con números distintos.

Solución

Para abreviar, llamaremos a la cantidad de letras de las que consta el nombre de un número su *suma de letras*.

Podríamos construir un cuadrado α-mágico, que es como se llaman habitualmente los cuadrados especiales, de la siguiente manera:

Buscamos tres números menores que mil x, y, z que cumplan la condición de la suma de sus letras sean números consecutivos: n, $n+1$, $n+2$.

Como el número 1000 tiene tres letras, los números: $1000+x$, $1000+y$, $1000+z$ tendrán, respectivamente: $n+3$, $n+4$, $n+5$ letras en sus nombres.

De la misma forma, como 2000 tiene seis letras (observa: tres más que mil), los números: $2000+x$, $2000+y$, $2000+z$, tendrán, respectivamente: $n+6$, $n+7$, $n+8$, letras en sus nombres.

Si elijo los números x, y, z de forma que estén en progresión aritmética ($x, y=x+r, z=x+2r$) siempre podré construir un cuadrado α-mágico:

$x+r$	$2000+x+2r$	$1000+x$
$2000+x$	$1000+x+r$	$x+2r$
$1000+x+2r$	x	$2000+x+r$

cuyo cuadrado mágico asociado será:

$n+1$	$n+8$	$n+3$
$n+6$	$n+4$	$n+2$
$n+5$	n	$n+7$

Por ejemplo, los números 1, 3 y 5 cumplen la condición necesaria para construir un cuadrado α-mágico: están en progresión aritmética y la suma de sus letras son números consecutivos. El cuadrado α-mágico es:

3	2005	1001
2001	1003	5
1005	1	2003

y su cuadrado mágico asociado es:

4	11	6
9	7	5
8	3	10

En conclusión, para construir un cuadrado α-mágico basta con encontrar tres números en progresión aritmética cuya suma de letras sean números consecutivos:

Por ejemplo: 30, 40, 50; la suma de sus letras sería: 7, 8, 9. También valdrían 31, 41, 51; 32, 42, 52, etc.

Más información

Los números y las formas presentes en la historia de las matemáticas desde sus inicios se combinan para formar los cuadrados de números; a ellos, de una forma casi inmediata, el ser humano les añade un tercer componente: "la magia". Sin una fecha exacta de nacimiento, pero sí desde los tiempos más remotos, conocemos la existencia de los cuadrados mágicos.

La magia de estos cuadrados llenos de números resulta irresistible a todos aquellos curiosos que caen en la tentación de conocerlos. Su estructura es sencilla y, no obstante, matemáticos como Euler y Fermat han trabajado con ellos; un hombre "serio" como el científico B. Franklin, autor de una de las frases más conocidas por todos: "El tiempo es oro", dedicó parte de su tiempo a la construcción de cuadrados mágicos. Pensamos que estos cuadrados, y de una forma muy especial los cuadrados α-mágicos, también te pueden seducir, y hacerte "perder" parte de tu tiempo.

Los cuadrados α-mágicos fueron ideados por el ingeniero electrónico británico Lee Sallows de la Universidad de Nijmegen de Holanda en 1986. Lee Cecil Sallows Fletcher, nacido el 30 de abril 1944, conocido por sus contribuciones a la matemática recreativa, es considerado el inventor de los *Golygons*, polígonos con todos los ángulos rectos.

Un rectángulo de cuadrados

Marta Macho Stadler

Tenemos un rectángulo ***R*** que está subdividido en trece cuadrados como muestra la figura:

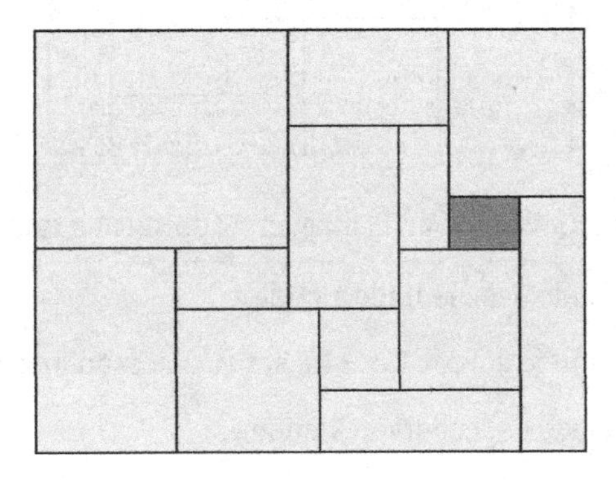

¿Cuadrados? Bueno, algún cuadrado sí que hay... pero desde luego, no todas las figuras que forman ***R*** lo son. Es verdad, no te preocupes, ni te falla la vista ni me he equivocado. Ahora te lo explico.

Para que el problema planteado no sea de resolución trivial, los cuadrados que forman el rectángulo ***R*** se han deformado ligeramente, y en su mayoría ya no lo parecen. Es decir, la figura mostrada está levemente distorsionada, aunque sabemos que las alineaciones de los cuadrados que forman originalmente ***R*** son las mismas que las de los rectángulos de la imagen. Sabemos también que el cuadrado negro mide 3 cm de lado.

El desafío consiste en calcular las medidas de los lados de cada uno de los doce cuadrados restantes y del rectángulo ***R***.

Espero que ahora entiendas la razón por la que se ha distorsionado la figura: en otro caso, podrías haber tomado una regla, y haber solucionado el problema haciendo unas pocas medidas y un par de sumas.

Solución

Partiendo del cuadrado negro se trata de ir calculando las medidas de los cuadrados que forman el rectángulo ***R*** paso a paso, deduciendo la longitud de cada lado a partir de las longitudes obtenidas anteriormente. Hemos numerado los cuadrados para indicar el orden en el que vamos a ir realizando los cálculos.

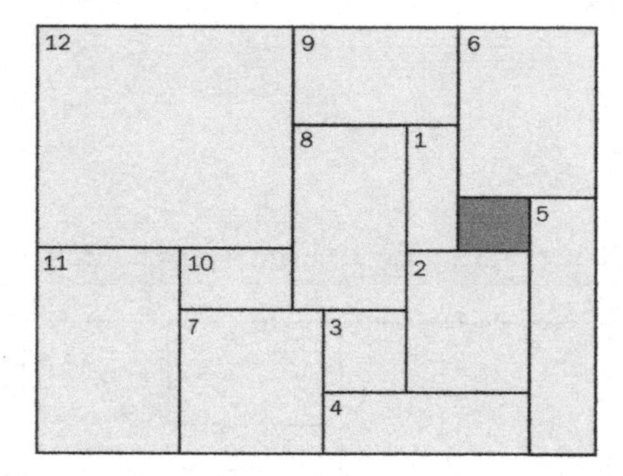

Comenzamos el proceso, indicando en la imagen de debajo los resultados obtenidos:

1. Suponemos que el lado del cuadrado **1** mide x.
2. Así, el lado del cuadrado **2** mide $x + 3$ (al ser el cuadrado **negro** de lado 3).
3. Suponemos que el lado del cuadrado **3** mide y.
4. Entonces, el lado del cuadrado **4** mide $x + y + 3$ (suma de las longitudes de los lados de los cuadrados **2** y **3**).
5. Por lo tanto, el lado del cuadrado **5** mide $2x + y + 9$ (suma de los lados de los cuadrados **negro**, **2** y **4**).
6. De aquí se deduce que el lado del cuadrado **6** mide $2x + y + 12$ (suma de los lados de los cuadrados **negro** y **5**).
7. Razonando del mismo modo, el lado del cuadrado **7** mide $x + 2y + 3$ (suma de las longitudes de los lados de los cuadrados **3** y **4**).
8. Así, el lado del cuadrado **8** mide $2x - y + 3$ (ya que la suma de las longitudes de los lados de los cuadrados **1** y **2** coincide con la suma de los lados de los cuadrados **3** y **8**).
9. Es claro, por tanto, que el lado del cuadrado **9** mide $3x - y + 3$ (suma de los lados de los cuadrados **1** y **8**).

10. Entonces, el lado del cuadrado **10** mide $-x + 4y$ (ya que la suma de los lados de los cuadrados **8** y **10** coincide con la suma de las longitudes de los lados de los cuadrados **3** y **7**).

11. De aquí es inmediato que el lado del cuadrado **11** mide $6y + 3$ (suma de los lados de los cuadrados **7** y **10**).

12. Y, por último, el lado del cuadrado **12** mide $-x + 10y + 3$ (suma de los lados de los cuadrados **10** y **11**).

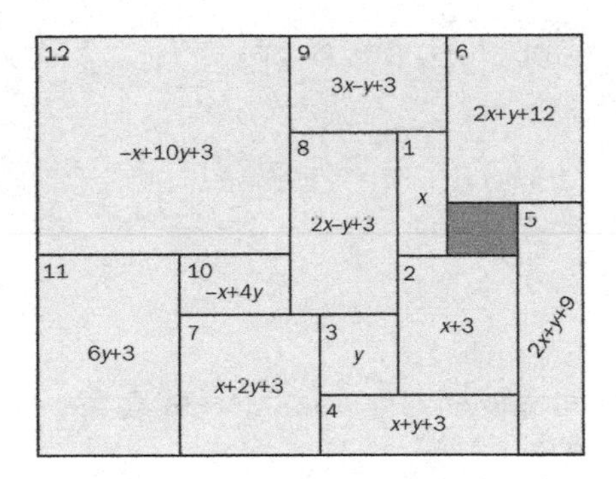

Para terminar, basta con encontrar los valores de x y de y. Una manera de hacerlo, consiste en comparar cuadrados de zonas que no han sido relacionadas durante la construcción, por ejemplo:

1. La suma de las longitudes de los lados de los cuadrados **1** y **9** coincide con la suma de las longitudes de los lados del cuadrado **negro** y del **6**, es decir:

   $$x + (3x - y + 3) = 3 + (2x + y + 12),$$

   y despejando se deduce que $x = y + 6$.

2. La suma de las longitudes de los lados de los cuadrados **10** y **12** coincide con la suma de las longitudes de los lados de los cuadrados **8** y **9**, es decir:

   $$(-x + 4y) + (-x + 10y + 3) = (2x - y + 3) + (3x - y + 3),$$

   y despejando se deduce que $16y = 7x + 3$.

Tenemos un sistema de dos ecuaciones con dos incógnitas:

$$x = y + 6$$
$$16y = 7x + 3$$

de solución $\boldsymbol{x = 11}$ e $\boldsymbol{y = 5}$.

Así, las medidas de cada cuadrado quedan como indica la figura que sigue (ya con sus proporciones reales), y el rectángulo mide 112 cm (suma de los lados de los cuadrados **11** y **12**) por 75 cm (suma de los lados de los cuadrados **11, 7, 4** y **5** o **12, 9** y **6**).

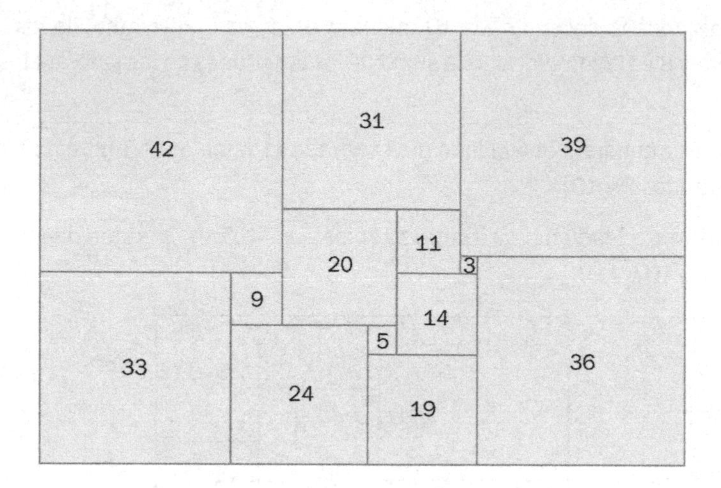

Más información

Este problema estaba planteado en la revista francesa *Tangente* (http://tangente.poleditions.com) 99 (julio 2004).

En la página web http://www.squaring.net/ puede encontrarse información exhaustiva sobre este tipo de problemas que consisten en dividir rectángulos en cuadrados. Estos *Squared Rectangles* deben obtenerse utilizando cuadrados de diferentes tamaños, buscando el mínimo número de cuadrados para realizarlo, etc. ¡No es nada sencillo!

Una exhibición de coches de carreras

María Jesús Carro Rossell y Pepi Ramírez Rodríguez

Se quiere organizar una exhibición de coches de carreras de manera que al comenzar formen un cuadrado de n filas con n coches en cada una y que, tras una serie de movimientos, finalicen en una formación rectangular en la que el número de filas haya aumentado en cinco.

¿Puedes decir, con total seguridad, cuántos coches deben participar en la exhibición?

Nota: vemos en el siguiente dibujo el caso en el que comienzan en una formación cuadrada de 6×6 y acaban en una formación rectangular en la que el número de filas aumenta en 3:

Solución

Primera solución

Si $n^2 = (n + 5)k$, entonces $n + 5$ divide a n^2 pero como claramente $n + 5$ divide a $(n + 5)$ $(n - 5)$ y $(n + 5)(n - 5) = n^2 - 25$, necesariamente $n + 5$ ha de dividir a 25, pues $25 = n^2 - (n + 5)(n - 5)$.

Como los únicos divisores de 25 son 1, 5 y 25, se deduce que necesariamente $n + 5 = 25$ y, por lo tanto, $n = 20$. Es decir, podemos afirmar con total seguridad que participarán 400 coches.

Esta demostración tan sencilla nos sugiere que si, en lugar de 5, hubiéramos pedido que se aumentara en un número primo p de filas, la respuesta habría sido que sí se puede decir **con total seguridad** que participarían $(p^2 - p)^2$ coches, ya que si $n^2 = (n + p)k$, entonces $n + p$ divide a n^2, pero como claramente $n + p$ divide también a $(n + p)(n - p)$ y $(n + p)$ $(n - p) = n^2 - p^2$, necesariamente $n + p$ ha de dividir a p^2, puesto que $p^2 = n^2 - (n + p)(n - p)$. Como los únicos divisores de p^2 son 1, p y p^2, se deduce que obligatoriamente $n + p = p^2$ y, por lo tanto, $n = p^2 - p$.

Es decir, podemos afirmar con total seguridad que participarán $(p^2 - p)^2$ coches.

Por otro lado, si hubiéramos pedido que se aumentara en un número K que no fuera primo, la respuesta habría sido que no se puede decir con total seguridad cuántos coches participan en la carrera, pues el número de posibilidades que tendríamos sería el número de divisores de K^2 mayores estrictamente que K, ya que bastaría con que $n + K$ fuera divisor de K^2.

Ahora bien, si $K = p_1^{a_1} p_2^{a_2} \quad p_m^{a_m}$, los números $(p_1^{a_1})^2 p_2^{a_2} \cdots p_m^{a_m}$ y $p_1^{a_1} (p_2^{a_2})^2 \cdots p_m^{a_m}$ (entre otros) son divisores de K^2 estrictamente mayores que K. Por tanto habría al menos dos posibles valores para el número de coches.

Segunda solución

Como $n + 5$ ha de dividir a n^2, podemos realizar la división de polinomios $n^2/(n + 5)$ con la que obtenemos que

$$\frac{n^2}{n + 5} = n - 5 + \frac{25}{n + 5}$$

Como este número es un número natural, concluimos que $n + 5$ ha de dividir a 25 y, por lo tanto, $n = 20$ tal y como hemos argumentado en la primera solución.

Tercera solución

Si escribimos $n^2 = (n + 5)(n - j)$, con j un número natural menor que n, tenemos, realizando la multiplicación de la derecha y simplificando n^2, que $5j = n(5 - j)$ y, por lo tanto, $n = 5j/(5 - j)$.

Luego j solo puede ser 1, 2, 3 o 4. Sustituyendo estos cuatro valores se ve que la única solución que da que n es un número natural es $j = 4$ y, en este caso, $n = 20$.

Esta demostración resulta muy sencilla debido a que 5 es un número muy pequeño y, aunque no permite visualizar de forma inmediata que la propiedad importante en 5 es la de ser un número primo, sí muestra que, a veces, un cambio en la notación ($k = n - j$) puede simplificar los cálculos.

Cuadrados mágicos de productos

Javier Cilleruelo Mateo

El desafío consiste en completar el cuadrado de la figura, donde ya se ha escrito el 15 en la posición central, con otros ocho números enteros positivos, todos ellos distintos entre sí, de tal manera que al multiplicar los tres números de cada fila, de cada columna y de cada una de las dos diagonales obtengamos, en todos los casos, el mismo resultado.

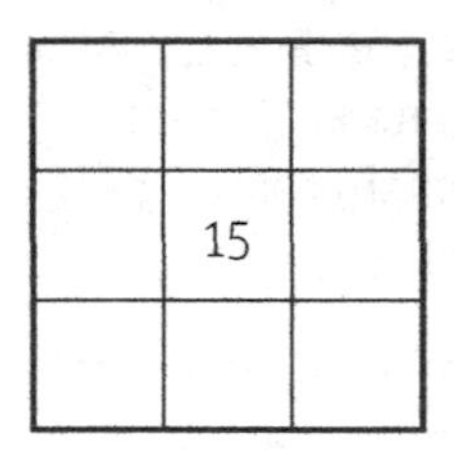

Solución

Hay muchos caminos para llegar a la solución, que es única si consideramos como equivalentes los ocho cuadrados que se obtienen mediante giros y simetrías.

45	25	3
1	15	225
75	9	5

75	1	45
9	15	25
5	225	3

5	9	75
225	15	1
3	25	45

3	25	5
25	15	9
45	1	75

75	9	5
1	15	225
45	25	3

5	225	3
9	15	25
75	1	45

3	25	45
225	15	1
5	9	75

45	1	75
25	15	9
3	25	5

Primera solución

Esta primera manera de llegar a la solución solo requiere la formación matemática más elemental. De hecho, experimentar con las herramientas matemáticas de las que cada uno dispone en cada momento forma parte del método científico.

Comenzamos probando con lo más sencillo, que es suponer que uno de los ocho números que hay que colocar es el 1. Lo situamos, por ejemplo, en el primer cuadrado de la segunda fila. Como el producto de los tres números de la segunda fila tiene que ser igual al producto de los tres de la tercera columna, deducimos que el producto de los dos números en las dos esquinas de la derecha tiene que ser 15 y eso solo es posible si uno de ellos es el 3 y otro el 5.

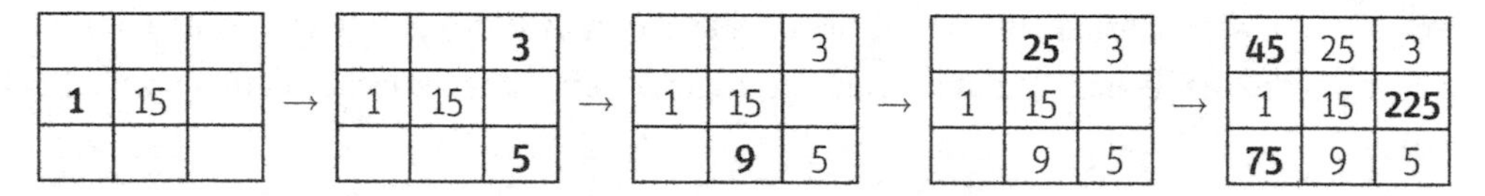

Pongamos por ejemplo el 3 arriba y el 5 abajo. Ahora comparamos el producto de los números de la diagonal que contiene al 15 y al 3 con el producto de los números de la tercera fila para deducir que el número central de la tercera fila tiene que ser necesariamente el 9.

Utilizando el mismo argumento con la otra diagonal y la primera fila, también llegamos a que el número central de la primera fila tiene que ser necesariamente el 25. Ya tenemos la segunda columna completa y, como sabemos el producto de los tres números, podemos terminar de completar el cuadrado sin ninguna dificultad. Si hubiéramos empezado colocando el 1 en una esquina, pronto nos habríamos encontrado en un callejón sin salida.

Los ocho cuadrados mágicos que son solución del problema provienen de elegir, por cada una de las cuatro opciones que tenemos para colocar el 1 en un cuadradito lateral, una de las dos opciones para colocar el 3 y el 5.

Segunda solución

La manera más mecánica para un matemático consiste en plantear las ecuaciones para los productos que aparecen en el problema. Combinando las diferentes ecuaciones se llega fácilmente a que en un cuadrado mágico de productos, el producto de los números de cada fila, columna o diagonal, que llamaremos P, es el cubo del número central (de la misma manera que en un cuadrado de sumas, la suma de los elementos de cada fila es el triple del central).

a	b	c
d	e	f
g	h	i

$$(aei)(def)(gec)(beh) = (abc)(def)(ghi)e^3 \Rightarrow P = e^3$$

Por lo tanto, el producto de los dos números extremos que aparecen en cada diagonal y en cada fila o columna que contienen al número central, debe ser $15 \times 15 = 225$. Como los divisores positivos de 225 son los números 1, 3, 5, 9, 15, 25, 45, 75 y 225, serán estos los números que formen nuestro cuadrado, una vez situados de la forma adecuada.

Tercera solución

Pero la manera más interesante de encontrar el cuadrado mágico se basa en la observación de que si tenemos dos cuadrados mágicos de productos, el cuadrado que resulta de ir colocando en cada posición el producto de los dos números que ocupan esa posición, es también un cuadrado mágico de productos. Así que, si multiplicamos dos cuadrados mágicos de productos, uno de ellos con el 3 en el centro, y el otro con el 5, obtendremos el cuadrado mágico que buscamos, siempre que lo hayamos hecho con cuidado para que los números que aparezcan en el cuadrado final sean distintos.

9	1	3		5	25	1		45	25	3
1	3	9	×	1	5	25	=	1	15	225
3	9	1		25	1	5		75	9	5

Esta estrategia nos muestra cómo construir cuadrados mágicos de productos de enteros positivos distintos con otros números centrales.

a^2	1	a		b	b^2	1		a^2b	b^2	a
1	a	a^2	×	1	b	b^2	=	1	ab	a^2b^2
a	a^2	1		b^2	1	b		ab^2	a^2	b

Más información

Si tras pensar en ello quieres saber cómo lo ven otros (y quizás las dos respuestas “contradictorias”) puedes visitar http://terrytao.wordpress.com/2008/02/05/the-blue-eyed-islanders-puzzle/

Los cuadrados mágicos más conocidos son los aditivos, aquellos para los que la suma de los números de cada fila, de cada columna y de cada diagonal, es siempre la misma. Sobre ellos hay una extensa literatura y muchos problemas interesantes por resolver.

¿Puede haber cuadrados mágicos de productos que también sean aditivos? No es difícil demostrar que no los hay de orden 3×3 y de 4×4. Con Florian Luca, de la UNAM, encontramos una familia de cuadrados mágicos 4×4 de productos que "casi" eran aditivos: las sumas de los elementos de cada fila, de cada columna y de cada diagonal difieren, a lo más en 6.

$(n+2)(n+4)$	$(n+3)(n+7)$	$(n+1)(n+6)$	$n(n+5)$
$(n+1)(n+5)$	$n(n+6)$	$(n+2)(n+7)$	$(n+3)(n+4)$
$n(n+7)$	$(n+1)(n+4)$	$(n+3)(n+5)$	$(n+2)(n+6)$
$(n+3)(n+6)$	$(n+2)(n+5)$	$n(n+4)$	$(n+1)(n+7)$

No se ha encontrado ningún cuadrado mágico aditivo-multiplicativo de orden 5×5, ni se ha demostrado que no puedan existir. El cuadrado simultáneamente aditivo y multiplicativo de orden más pequeño que se ha encontrado es de 8×8 [3]:

162	207	51	26	133	120	116	25
105	152	100	29	138	243	39	34
92	27	91	136	45	38	150	261
57	30	174	225	108	23	119	104
58	75	171	90	17	52	216	161
13	68	184	189	50	87	135	114
200	203	15	76	117	102	46	81
153	78	54	69	232	175	19	60

Quiero terminar comentando un problema sobre cuadrados mágicos de primos que para mí tiene un interés personal.

Problema: Encuentra cuadrados mágicos aditivos de 3×3 donde todos los números sean primos.

Este es uno de los problemas que, hace ya muchos años, Antonio Córdoba, recientemente galardonado con el premio nacional de investigación "Julio Rey Pastor", nos propuso en una clase de la asignatura Teoría de Números. Recuerdo que, después de un fin de semana intenso conseguí una manera para generarlos y que, animado por mi amigo y compañero Rafael Tesoro, me atreví a salir a la pizarra a escribir algunos de los que había encontrado. Perdí las hojas donde hice aquellas cuentas, pero uno de esos cuadrados podría haber sido el siguiente

17	89	71
113	59	5
47	29	101

Por aquel entonces no se había demostrado todavía que existieran infinitos de estos cuadrados. Con ciertos argumentos heurísticos acerca de la densidad de los primos conjeturé que $M(x)$, el número de cuadrados mágicos de primos, todos ellos menores que x, debería ser del orden de $x^3/(\log x)^9$. Recuerdo que Antonio Córdoba coincidió conmigo en que esa conjetura era plausible pero que no dejaba de ser una conjetura. Aquellas conversaciones con Antonio Córdoba fueron el inicio de mi incursión en la teoría de los números y el principio de una fecunda relación profesional y personal que todavía perdura.

Muchos años después, en 2001, Ben Green y Terence Tao demostraron uno de los resultados más sobresalientes de la teoría de los números de los últimos años:

Teorema (Green-Tao): La sucesión de los números primos contiene progresiones aritméticas arbitrariamente largas.

En particular, existen infinitas progresiones aritméticas de nueve términos formadas por primos: $s + r, 2s + r, 3s + r, 4s + r, 5s + r, 6s + r, 7s + r, 8s + r, 9s + r$. Disponiendo estos números adecuadamente en un cuadrado 3×3 obtenemos fácilmente cuadrados mágicos de primos

$r + 6s$	$r + 7s$	$r + 2s$
$r + 1s$	$r + 5s$	$r + 9s$
$r + 8s$	$r + 3s$	$r + 4s$

De hecho, el teorema de Green-Tao implicaba no solo la existencia de infinitos cuadrados de primos de orden 3, sino de cualquier orden mayor que 3.

Después de que mi estudiante, Carlos Vinuesa, terminase una tesis brillante sobre problemas de conjuntos de Sidon le animé a que fuese a trabajar a Cambridge bajo la dirección de Ben Green. En uno de los correos que mantuve con Carlos le propuse que investigase sobre la función $M(x)$ comentada anteriormente, pues sospechaba que otros resultados más recientes de Green y Tao permitirían resolver este problema.

Carlos, que además de ser un mago con las matemáticas también es un mago profesional (Premio Mago del año en 2010), ha conseguido muy recientemente demostrar rigurosamente que $M(x) \sim c \dfrac{x^3}{\log^9 x}$, donde $c > 0$ es una constante explícita, confirmando aquella conjetura con la que un día soñé.

Referencias

- J. Cilleruelo, F. Luca: "On multiplicative magic squares". *The Electronic Journal of Combinatorics* 17, nº2, 2010.
- B. Green, T. Tao: "The primes contain arbitrarily long arithmetic progressions". *Annals of Mathematics* 167, 2008.
- W.W. Horner: "Addition-Multiplication Magic Square of Order 8". *Scripta Math.* 21, (1955).
- C. Vinuesa: Magic squares of primes. *Prepublicación*

Capítulo 3
A contar

¡Todo el mundo a su silla!

Eva Primo Tárraga, Juan Miguel Ribera Puchades y Jaime Sánchez Fernández

Se consideran treinta y cinco sillas colocadas en fila y en las que están sentadas treinta y cinco personas. En un momento dado, las treinta y cinco personas se levantan y se vuelven a sentar donde estaban o en la silla de al lado (derecha o izquierda). Observa que solo hay dos movimientos posibles, en vez de tres, para las personas que se encuentran en las esquinas.

El desafío es el siguiente: ¿de cuántas formas distintas pueden sentarse la segunda vez las treinta y cinco personas en estas treinta y cinco sillas de forma que se cumpla la condición anterior?

No se trata de decir de cuántas maneras se pueden sentar treinta y cinco personas en treinta y cinco sillas, sino de cuántas maneras pueden volver a sentarse, con las reglas dadas, treinta y cinco personas que estaban ya sentadas. Hay que tener en cuenta que ni al principio ni al final pueden quedar sillas vacías; es decir, cada silla ha de estar ocupada por una persona y solo una.

Solución

La idea es empezar por un caso en el cual haya menos personas. Obviamente, si tenemos una persona y una silla, la única posibilidad es que se quede como está. Observemos qué pasaría, por ejemplo, si tuviéramos dos sillas y dos personas. En ese caso se ve claramente que solo hay dos posibilidades: que las dos personas se quedaran quietas, o que las dos se movieran.

Ahora consideramos qué pasaría con tres sillas y tres personas. En ese caso, vemos que si la persona del extremo izquierdo no se moviera entonces estaríamos en el caso anterior de dos personas y dos sillas; mientras que, si la persona del extremo se moviera, necesariamente, obligaría a la persona de al lado a ocupar su silla vacía; por tanto, al último solo le quedaría la posibilidad de quedarse quieto. Luego hay tres posibilidades.

A continuación razonamos qué pasaría con cuatro sillas y cuatro personas. Veremos que se parece bastante a los casos anteriores. Si la persona de la primera silla no se moviera, el problema se reduciría al caso anterior, al igual que nos había pasado antes. Por otro lado, si dicha persona se moviera, entonces obligaría a la persona de al lado a ocupar su lugar, y con ello el problema se reduciría a la situación que había cuando teníamos dos sillas y dos personas. Por tanto, habrá $3 + 2 = 5$ posibilidades.

Así, inductivamente, llegamos a la conclusión de que las distintas formas en las que pueden sentarse n personas en n sillas vienen dadas por la suma de los dos casos anteriores, es decir, el $n - 1$ y el $n - 2$. Por ejemplo, el caso de cuatro sillas y cuatro personas se resolvía sumando las formas posibles del caso 3 y el caso 2.

Por lo tanto, para nuestro caso con 35 sillas la solución vendría dada por la suma de las formas posibles en los casos de 33 y 34 sillas.

Una forma de encontrar el número es construir metódicamente toda la sucesión: 1, 2, 3, 5, 8, 13, 21,... con lo que llegaríamos a que la solución al desafío es 14 930 352.

Pero quizás te hayas dado cuenta de que esa sucesión son los famosos números de Fibonacci. Esto sucede porque el que un término venga dado por la suma de los dos anteriores es precisamente la definición de la sucesión de Fibonacci. Y en el caso de 35 personas y 35 sillas la solución sería el término 36º de la serie de Fibonacci: 14 930 352 (es el 36º y no el 35º porque la serie de Fibonacci "habitual" comienza por 1, 1, 2, 3, 5,...).

Problema alternativo

Ahora considera que tenemos a n personas sentadas en n sillas, pero en una disposición circular, como formando un corro, de manera que no haya extremos. De nuevo, en cada silla se sienta una persona. Cada persona puede quedarse en su sitio o moverse a la derecha o a la izquierda del lugar donde estaba sentada, es decir, como mucho solo puede desplazarse una posición, igual que en el problema anterior. El desafío es, nuevamente, encontrar el número total de formas en las que pueden volver a sentarse las n personas con las condiciones anteriores.

Solución del problema alternativo

Sea a_n el número de reordenamientos para n sillas y n personas siguiendo las condiciones del problema original, es decir, sentados en fila. Recordemos que habíamos concluido que $a_n = F_{n+1}$, siendo F_{n+1} el número de la sucesión de Fibonacci que ocupa la posición $n + 1$.

Es fácil observar que con las nuevas condiciones, si una persona se queda en su silla o dos intercambian su posición, el comportamiento del resto (para $n-1$ o $n-2$ personas respectivamente) es el mismo que para el problema original; es decir, sus reordenaciones vienen dadas de la misma manera que si estuvieran sentados en fila. Así, llamando b_n al número de formas de sentarse siguiendo la nueva disposición circular, obtenemos que hay tres posibles casos, que son los siguientes:

1. Que una persona se vuelva a sentar en su misma posición. Hay a_{n-1} formas de sentarse de esta manera.
2. Que esa persona se intercambie con la de al lado. Hay a_{n-2} reordenaciones de este tipo.
3. Que todas las personas se muevan una posición a la derecha, o una posición a la izquierda. Hay dos posibles reordenamientos de esta forma.

Obtenemos, por tanto, que $b_n = a_{n-1} + a_{n-2} + 2 = a_n + 2 = F_{n+1} + 2$ reordenamientos. Observemos, no obstante, que en el caso de que tuviéramos una persona y una silla, o dos personas y dos sillas (es decir, $n = 1$ o $n = 2$), la disposición circular de ellos es la misma que si estuvieran sentados en fila, por lo que se cumplirá que $b_n = a_n$ para $n \leq 2$.

Por tanto, la solución es:

$$b_1 = a_1 = 1;\ b_2 = a_2 = 2;$$
$$b_n = F_{n+1} + 2, \text{ para } n \geq 3.$$

Más información

La sucesión de Fibonacci fue descrita en Europa por Leonardo de Pisa, comerciante y matemático italiano del siglo XIII también conocido como Fibonacci. Tiene numerosas aplicaciones en ciencias de la computación, matemáticas y teoría de juegos. También aparece en configuraciones biológicas, como, por ejemplo, en las ramas de los árboles, en la disposición de las hojas en los tallos, en la flor de la alcachofa o en la estructura de una piña.

Una paradoja electoral

Javier Fresán Leal

Se quiere elegir a un representante entre varios candidatos. Muchos dirían que las matemáticas que intervienen en este proceso se reducen a contar el número de votos. Sin embargo, en cuanto se examina la situación en detalle, surgen fenómenos extraños. Imaginemos que en unas elecciones a las que se presentan siete candidatos uno de ellos recibe el 40% de los votos, mientras que el 60% restante se reparte de igual manera entre los otros seis. Sin pensarlo dos veces, declaramos ganador por mayoría simple al primer candidato.

Ahora bien, si pidiéramos a los votantes que, además de indicar su candidato preferido, dijeran también quién es el que menos les convence, podría ocurrir que todos aquellos que no han votado al ganador lo situaran en último lugar. Y entonces se habría declarado ganador a un candidato que es... ¡el menos popular por mayoría absoluta!

Esta situación se conoce con el nombre de *paradoja de Borda*, en honor al matemático e ingeniero francés Jean-Charles de Borda, que vivió en el siglo XVIII. Precisamente con el propósito de que el resultado de las elecciones se ajustase mejor a las preferencias de los votantes, Borda introdujo un nuevo método de recuento en el que cada elector coloca a todos los candidatos en una lista según su orden de preferencia.

Por cada votante, el candidato recibe un punto si está en última posición; dos, si aparece en la penúltima; y así sucesivamente. A continuación se suman todos los puntos y se declara ganador al que más tiene. Por ejemplo, en una elección en la que cuatro personas ordenaran a los candidatos A, B y C del siguiente modo

Votante 1: $A > B > C$

Votante 2: $C > B > A$

Votante 3: $B > C > A$

Votante 4: $A > B > C$,

A recibe $3+1+1+3=8$ puntos, B obtiene $2+2+3+2=9$ votos, y a C le corresponden $1+3+2+1=7$ puntos, luego se declara ganador al candidato B. Sin embargo, si solo se hubiese tenido en cuenta el candidato preferido, el ganador habría sido A, que tiene dos votos en lugar de uno, como B y C. Este ejemplo muestra que los ganadores por mayoría y según el método de Borda no tienen por qué coincidir.

Si pensamos en este método, resulta natural plantearse esta cuestión: supongamos que N candidatos se presentan a unas elecciones. ¿Qué porcentaje de apoyos debe recibir un ganador por mayoría para que podamos asegurar que también habría ganado según el método de Borda?

Solución

Introduzcamos un poco de notación: llamemos E al número de electores que deben elegir entre los N candidatos, y supongamos que el ganador por mayoría (que llamaremos A) recibe p votos. La cantidad que nos interesa es el cociente p/E. Para resolver el problema, examinaremos la situación más desfavorable posible para el candidato A si el recuento se llevase a cabo según el método de Borda.

A continuación, bastará con determinar cuáles son las condiciones para que A se declare ganador también en ese caso. Es fácil convencerse de que la peor situación posible es la siguiente: por un lado, todos los electores que no han votado a A lo colocan en última posición; y, por otro lado, existe un candidato B al que todos aquellos que no han votado a A sitúan en primera posición, y los que sí lo han hecho, en segunda.

	1ª posición	**2ª posición**	**Última posición**
Votante 1	A	B	–
......	A	B	–
Votante p	A	B	–
Votante $p+1$	B	–	A
......	B	–	A
Votante E	B	–	A

Con esta configuración, el candidato A recibiría N puntos por cada uno de los p votantes que lo han colocado en primera posición y un solo punto por cada uno de los $E-p$ electores que lo han situado en último lugar. Eso hace un total de $pN+(E-p)$ puntos.

Por su parte, el candidato B acumularía $N-1$ puntos por cada uno de los p votantes que lo han colocado en segunda posición y N puntos por cada uno de los $E-p$ electores que lo han elegido como su candidato preferido. Sumando, se obtienen $p(N-1)+(E-p)N$ puntos. Por tanto, se buscan las condiciones para que el número de votos de A sea mayor que el de B. Planteamos la desigualdad:

$$pN+(E-p)>p(N-1)+(E-p)N.$$

Pasando $E - p$ al término de la derecha y realizando una simplificación elemental, se obtiene:

$$pN > p(N-1) + (E-p)N - (E-p) = p(N-1) + (E-p)(N-1) = E(N-1),$$

lo que equivale a $p/E > 1 - 1/N$. Por tanto, para garantizar que A sería ganador también según el método de Borda su porcentaje de votos debe superar el $100 - 100/N$ por ciento.

Más información

A finales de los setenta, el matemático de origen suizo Michel Balinski escribía un libro de programación entera cuando el fuego destruyó su casa. Para pensar en otra cosa, Balinski aceptó el reto de impartir una asignatura de matemáticas a doscientos alumnos de la City University de Nueva York que nunca antes habían recibido formación científica.

Como él mismo explica, eligió centrar su curso en los mecanismos de elección social por dos razones: se trata de una cuestión que todo el mundo reconoce como importante, y es fácil proponer soluciones al problema que crean debate. Inspirándonos en esta anécdota, confiamos en que la deliberada sencillez del desafío haga reflexionar a los lectores.

Su conclusión no deja de ser sorprendente: si se presentan diez candidatos a unas elecciones, es preciso que el ganador reciba más del 90% de los votos para garantizar que también habría sido elegido según el método de Borda.

Con estos datos en la mano, se pueden obtener conclusiones opuestas. Hay quien ve en el método de Borda un modo de descentralizar el poder, pues se obliga a los votantes a tener en cuenta a todos los candidatos. Otros, sin embargo, destacan el riesgo de manipulación. Desde luego, es bastante improbable que un ganador por mayoría quede último en las preferencias de todos aquellos que no lo han votado y que, al mismo tiempo, otro candidato obtenga solo primeras y segundas posiciones. Pero, ¿no nos encontramos precisamente ante un indicio de lo fácil que resulta alterar los resultados mediante un voto estratégico?

Un contemporáneo de Borda, el marqués de Condorcet, propuso un recuento alternativo, en el que se comparan todas las opciones dos a dos. Pero tampoco su método está exento de paradojas. Para ilustrarlo, imaginemos que tres votantes ordenan a tres candidatos del siguiente modo:

Votante 1: $A > B > C$

Votante 2: $B > C > A$

Votante 3: $C > A > B$.

Nótese que el método de Borda daría la misma puntuación a los tres, pues cada uno de ellos ocupa todas las posiciones posibles. Por su parte, Condorcet propone comparar primero las opciones A y B: como la mayoría prefiere A a B, se establece que $A > B$. Miramos a continuación B y C: de nuevo la mayoría prefiere B a C, luego decidimos que $B > C$. Puesto que la mayoría prefiere A a B y B a C, sería lógico deducir que la mayoría prefiere también A a C y declarar ganador al candidato A.

Sin embargo, dos de los tres votantes prefieren C a A. Dicho de otro modo, las decisiones por mayoría no son transitivas, sino que pueden presentar ciclos, lo cual implica que el método de Condorcet es muy sensible al orden de las votaciones.

Mayoría, recuento de Borda, método de Condorcet, etc., ¿con cuál nos quedamos? Tampoco aquí hay buenas noticias. En los años cincuenta, el economista americano Kenneth Arrow planteó por primera vez de modo axiomático cuáles son las condiciones que debe satisfacer cualquier sistema de elección social.

Distinguió entre dos axiomas individuales, que establecen que todo par de opciones debe ser comparable y que las preferencias de cada individuo deben ser transitivas, y cinco axiomas sociales, estos últimos divididos en tres principios racionales (universalidad, monotonía e independencia respecto a las opciones irrelevantes) y dos principios democráticos (soberanía ciudadana y no dictadura). Desgraciadamente, concluyó después que ningún sistema los satisface todos.

Referencias

- KENNETH ARROW: *Elección social y valores individuales*, Barcelona, 1994. Planeta-Agostini, 1994.

- XAVIER MORA: "Votar: No tan fácil como parece, ¡pero podríamos hacerlo mejor!", *Gaceta de la Real Sociedad Matemática Española*, vol. 13, nº 13 471-498, 2010.

- GEORGE G. SZPIRO: *Numbers Rule. The Vexing Mathematics of Democracy, from Plato to the Present*, Princeton University Press, 2010.

Un vecindario emprendedor

Francisco Antonio González Lahoz

El pueblo de Bolci tiene solo una calle, que está dividida en 20 parcelas alineadas y numeradas como se muestra en la figura 1. En esas parcelas, viven 26 familias que nombramos con letras desde la *A* a la *Z*.

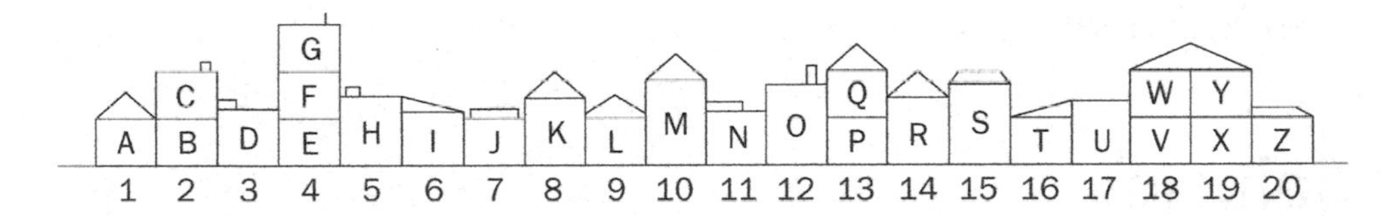

Diremos que dos familias son vecinas cuando vivan en la misma parcela, como las familias *E* y *G*, o cuando vivan en parcelas adyacentes, como las familias *D* y *G*.

Los habitantes de Bolci van a derribar sus viviendas actuales para construir una manzana de pisos a la que se mudarán. La manzana ocupará unas pocas parcelas y el resto del terreno se destinará a zonas verdes y servicios públicos.

Aún no han decidido donde estarán los pisos, ni cuantas viviendas habrá en cada parcela, pero los habitantes del pueblo han acordado que un posible proyecto será válido solo si cumple las tres condiciones siguientes:

1. Respeto de las divisiones parcelarias: cada nueva vivienda debe estar completamente ubicada dentro de alguna de las primitivas parcelas.
2. Mantenimiento de la vecindad: las familias que ahora son vecinas deben seguir siéndolo cuando se trasladen a su nueva casa. Cada familia podrá tener nuevos vecinos, pero no debe perder los actuales.
3. Cambio de parcela: todos los habitantes cambiarán de parcela, pues ninguna familia desea quedarse en su parcela inicial.

En la figura se muestra un ejemplo de proyecto válido:

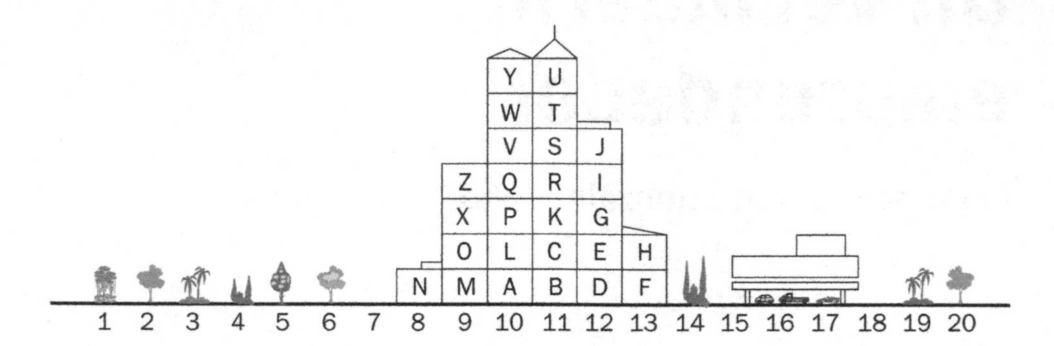

Fíjate que en este ejemplo las familias vecinas *L* y *M* siguen ocupando sus parcelas iniciales, 9 y 10. Tan solo han intercambiado entre sí el número de parcela. Decimos entonces que en las parcelas 9 y 10 hay un sitio de cruce. En general, un proyecto presenta un *sitio de cruce* en dos parcelas si a ellas se trasladan al menos dos familias vecinas intercambiando sus números de parcela iniciales.

El desafío consiste en determinar la cantidad mínima y máxima de sitios de cruce que puede llegar a tener un proyecto válido.

Solución

Todo proyecto válido tiene un sitio de cruce y solo uno. La demostración puede realizarse de distintas formas.

Demostración gráfica

Dibujamos una gráfica donde los nombres de las familias se ponen en el eje de abscisas y los números de parcelas en el eje de ordenadas. Marcamos las celdas que indican qué parcela ocupa cada familia. A la gráfica de la situación de partida la llamaremos *gráfica inicial*, y a la del proyecto válido *gráfica final*. En la figura se muestra la gráfica inicial con aspas y la gráfica final de nuestro ejemplo con círculos.

La gráfica inicial parte de la esquina inferior izquierda y llega a la esquina superior derecha, sin bajar nunca. Como ni la familia *A* ni la familia *Z* pueden permanecer en su parcela inicial, la gráfica final debe arrancar (a la izquierda) necesariamente por encima de la gráfica inicial, y terminar (a la derecha) necesariamente por debajo.

Por mantenerse la relación de vecindad, ambas gráficas deben formarse siempre con celdas contiguas, unidas por un lado o por una esquina.

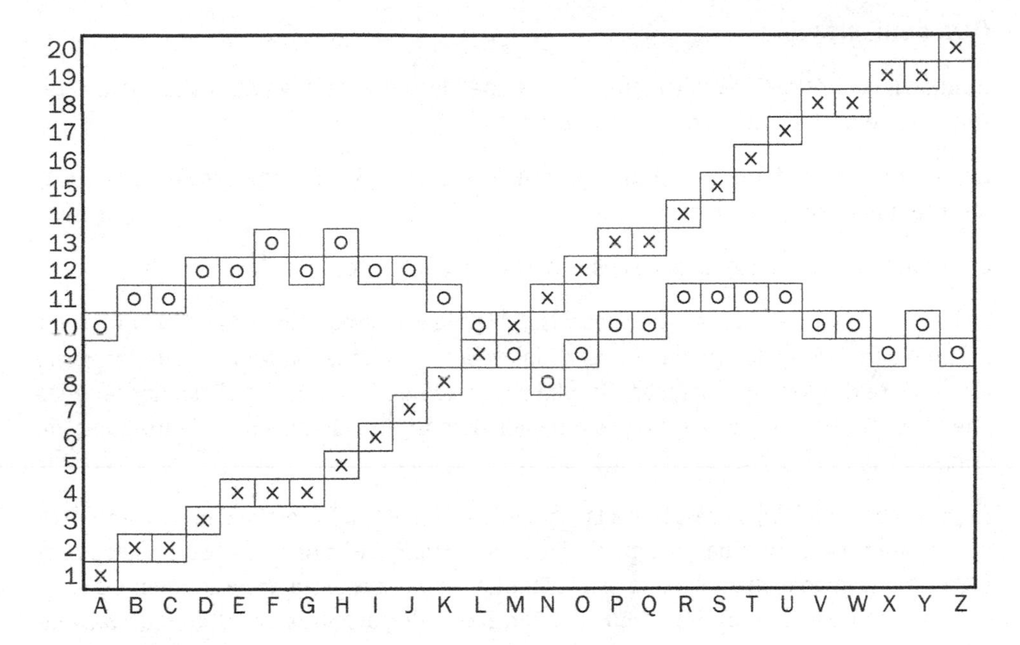

En estas condiciones las dos gráficas tienen que cruzarse, es decir, debe haber un punto fijo. En nuestro problema, el punto fijo no puede darse en una celda común, porque eso querría decir que hay un vecino que no cambia de parcela, de modo que el cruce solo puede ocurrir en una esquina de las celdas, tal como sucede en el ejemplo. Un cruce de este tipo representa a dos familias vecinas que intercambian su número de parcela. Dicho de otra forma: todo punto fijo de las gráficas estará en un sitio de cruce.

En el cruce de las gráficas, necesariamente una sube y la otra baja. Puesto que la gráfica inicial nunca baja, cuando la gráfica final haya pasado por debajo de ella ya no podrá volver a rebasarla pues para ello tendría que "retroceder". Por tanto, solo puede tener un punto fijo.

Para completar nuestro razonamiento, debemos verificar que un sitio de cruce siempre implica la existencia de un punto fijo en la gráfica. Eso sería muy claro si en cada parcela solo hubiera inicialmente una familia, porque entonces la representación del intercambio de las dos parcelas entre los vecinos sería precisamente la del cruce de gráficas de nuestro ejemplo. La duda surge cuando en las parcelas iniciales viven varias familias.

Pero observemos que, en ese caso, cuando una familia intercambia la parcela con su vecino, las otras familias de esa parcela deben mudarse con ella, ya que todas deben ir a un lugar vecino a ambas familias. Eso quiere decir que esas familias se mudan como si fuesen solo una, generando también un cruce de gráficas.

En conclusión: todo sitio de cruce implica la existencia de un punto fijo en la gráfica, y, por tanto, el punto de cruce es único.

Otra demostración

Aunque la demostración gráfica proporciona una idea muy intuitiva de la situación, el resultado puede obtenerse con otro razonamiento.

Representamos las familias con una función $F(1)=A$... $F(26)=Z$. Entonces $F(n)$ y $F(n+1)$ representan a familias vecinas.

Cada familia, al mudarse, se debe desplazar hacia la izquierda o hacia la derecha.

La familia $F(1)$ se desplaza a la derecha y la $F(26)$ a la izquierda. Luego debe haber un valor mínimo de n tal que la familia $F(n)$ se desplace a la izquierda. La familia anterior a esa, $F(n-1)$, se desplaza a la derecha. Resulta entonces que $F(n)$ y $F(n-1)$ son dos familias que intercambian de parcela. Con esto hemos demostrado la existencia de un punto de cruce.

Es imposible que $F(m)$ se desplace a la izquierda y $F(m+1)$ a la derecha, porque entonces esas familias serían vecinas que quedarían separadas. A partir de esta observación se demuestra que cuando m es mayor que n la familia $F(m)$ se desplaza necesariamente a la izquierda, sin poder dar lugar a un nuevo intercambio de parcelas en otro sitio. Un razonamiento similar demuestra que todas las familias $F(m)$ con m menor que $n-1$ se desplazan a la derecha y tampoco esas familias pueden generar un nuevo intercambio de parcelas.

En conclusión, el número de intercambios es exactamente uno.

Más información

Este desafío está inspirado en el *Teorema del Punto Fijo*. Se trata de un resultado topológico que se aplica a transformaciones continuas de un conjunto dentro de sí mismo. Tiene diversas variantes para distintos tipos de subconjuntos y topologías. Por ejemplo, si tomamos una hoja de papel y la plegamos sin roturas, dejándola dentro del lugar que ocupaba inicialmente, el teorema del punto fijo nos asegura que al menos uno de los puntos de la hoja quedará en su posición inicial.

Capítulo 4
Triángulos

Una camiseta bordada en zigzag

Andrea Isern Granados y Silvia Martos Baeza

Se quiere diseñar un adorno bordado para una camiseta siguiendo el esquema y las condiciones siguientes:

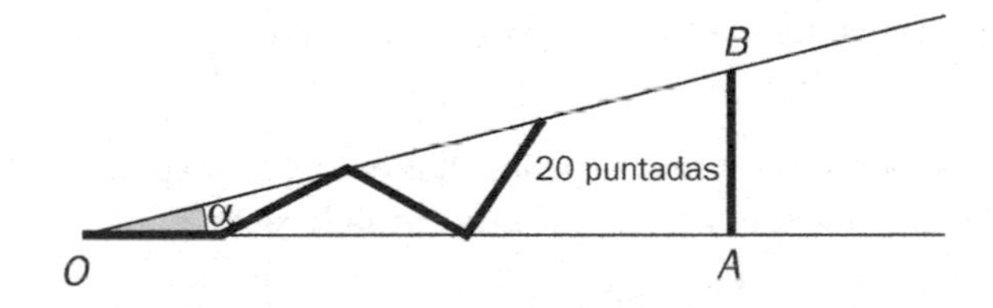

- Las puntadas se realizarán en zigzag entre dos rectas que forman un ángulo α.
- La primera puntada empezará en el punto *O*, común a las dos rectas, y acabará en una de las rectas (que llamaremos horizontal).
- Todas las demás puntadas deberán tener la misma longitud y se trazarán sin superponerse ni volver hacia atrás.
- La última puntada deberá ser perpendicular a la línea horizontal.
- Queremos que haya exactamente veinte puntadas.

Nos hacemos tres preguntas:

1. ¿Cuál debe ser el ángulo α para que se puedan cumplir estas condiciones?

2. Si la distancia *OA* es de 25 cm, ¿cuál deberá ser la longitud de la puntada?

3. ¿Qué ocurriría si quisiésemos hacer veintiuna puntadas?

Solución

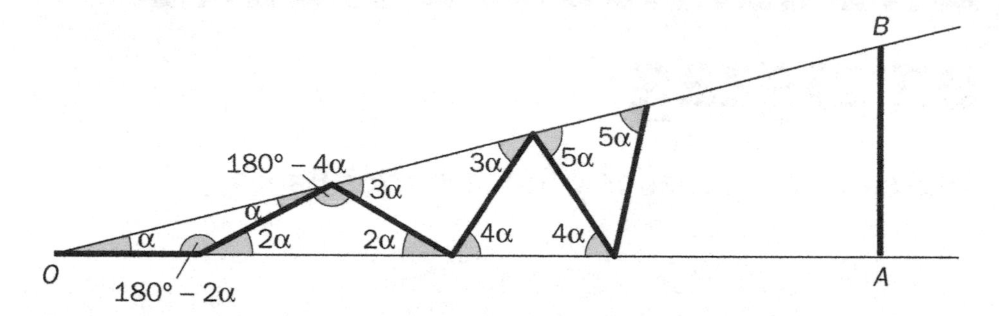

1. Con la primera y la segunda puntadas se dibuja un triángulo isósceles. Los dos ángulos iguales de este triángulo medirán α. El tercer ángulo, por lo tanto, será $180^{\circ} - 2\alpha$.

   Con la segunda y la tercera puntadas queda dibujado otro triángulo isósceles. Uno de sus ángulos iguales, adyacente y suplementario al anterior, medirá 2α. Por tanto el tercer ángulo de este triángulo será $180^{\circ} - 4\alpha$.

   Con la tercera y cuarta puntadas queda dibujado otro triángulo isósceles. Uno de sus ángulos, más el ángulo anterior de $180^{\circ} - 4\alpha$, más otro ángulo igual a α deben sumar un ángulo llano. Por lo tanto este ángulo y el que es igual a él en el triángulo isósceles medirán 3α.

   Si razonamos de la misma forma veremos que el ángulo agudo que forma la quinta puntada con la recta horizontal es 4α, el que forma la sexta puntada con la recta inclinada es 6α, y así sucesivamente.

   Queremos que la vigésima puntada sea perpendicular a la recta horizontal. Dado que todas las puntadas pares acaban en la recta inclinada, lo mismo sucederá con la vigésima, la cual, por lo que acabamos de decir, formará un ángulo igual a 19α con la recta inclinada. Veamos los ángulos del triángulo *OAB*.

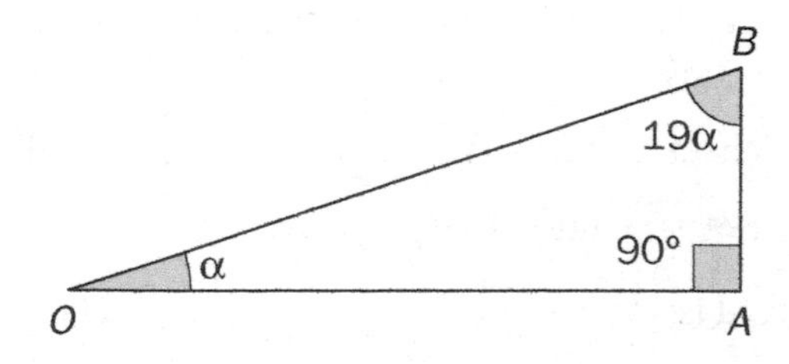

   Como deben sumar 180°, tenemos $\alpha + 19\alpha + 90^{\circ} = 180^{\circ}$, de donde $\alpha = 4{,}5^{\circ}$.

2. Si $OA = 25$ cm y $AB = h$ es la longitud de la puntada, tendremos

$$\tan 4{,}5^{\circ} = \frac{h}{25}$$

de donde $h = 25 \cdot \tan 4{,}5^{\text{o}}$. La calculadora nos da $h = 1.9675427$ que convendrá redondear como 1,97 cm o, incluso, como 20 mm.

3. Cada puntada par y la siguiente puntada impar forman un triángulo isósceles con sus dos ángulos iguales contiguos a la recta horizontal.

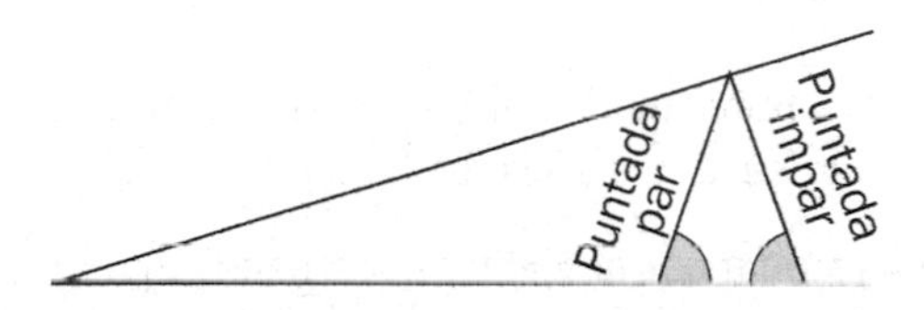

Esto sucederá con la puntada 20ª y la puntada 21ª. Por ello la puntada 21ª no puede ser perpendicular a la recta horizontal, ya que se debería formar un triángulo isósceles con dos ángulos rectos, cosa a todas luces imposible.

Más información

Comentamos a continuación algunas posibles generalizaciones del problema. Empezaremos estudiando cuáles son los ángulos α para los que podemos "acabar en vertical" y daremos ideas que permiten establecer, en función del ángulo α que forman las dos rectas, cuál es el máximo número de puntadas que se podrían dar sin retroceder y sin acabar necesariamente en ángulo recto.

I. ¿Cuáles pueden ser los valores del ángulo α para los cuales es posible encontrar una puntada que forme ángulo recto con la línea horizontal?

El razonamiento que se ha dado en el problema planteado para justificar que no podían ser 21 puntadas nos sirve en general para establecer que, si podemos encontrar un segmento perpendicular a la línea horizontal, este deberá corresponder a una puntada par, $2n$, y se puede observar que entonces la puntada siguiente, la $2n + 1$ coincidirá con la $2n$.

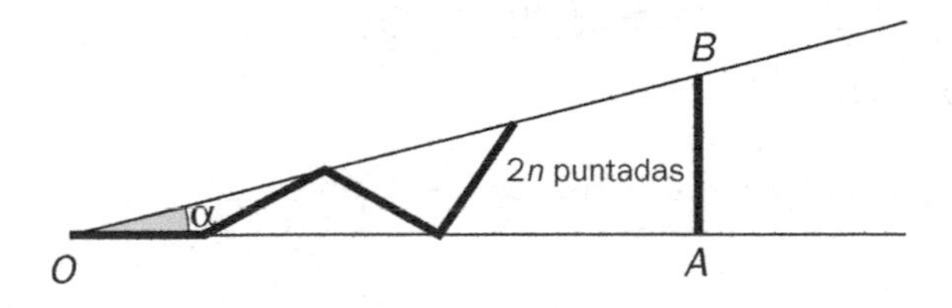

Tendremos el esquema siguiente:

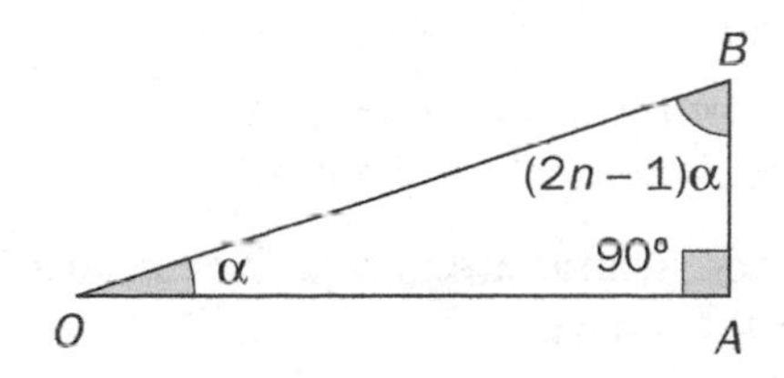

De aquí se deduce que deberá ser $\alpha + (2n - 1)\,\alpha = 90^{\circ}$, de donde $\alpha = 45^{\circ} / n$ para que la puntada $2n$ sea perpendicular a la línea horizontal.

Es decir que si $n=1$ nos da $\alpha = 45^{\circ}$ y la segunda puntada es vertical; para $n=2$ resulta $\alpha = 22{,}5^{\circ}$ y lo es la cuarta; si $\alpha = 15^{\circ}$ lo es la sexta; si $\alpha = 11{,}25^{\circ}$ lo es la octava, y así sucesivamente.

II. ¿Cuáles pueden ser los valores del ángulo α para los cuales es posible encontrar una puntada que sea perpendicular a la línea inclinada?

En este caso se puede razonar que el segmento perpendicular a la línea inclinada deberá corresponder a una puntada impar, $2n + 1$, y si se da este caso la puntada siguiente, la $2n + 2$ coincidiría con la $2n + 1$, ya que la circunferencia que tiene como centro el extremo de la puntada $2n + 1$ y como radio la longitud de la puntada es tangente a la línea inclinada.

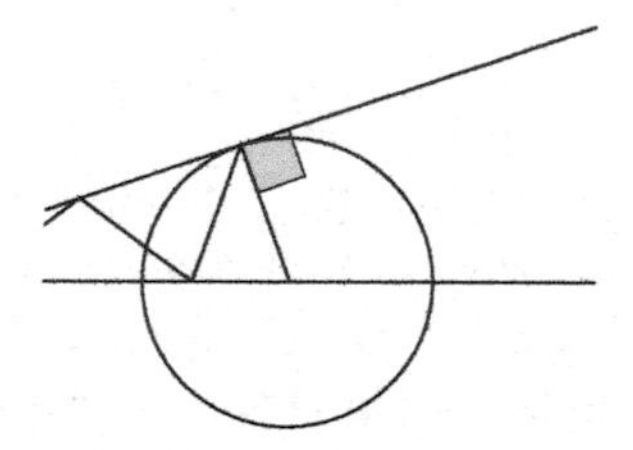

Si se observa el esquema que se dio en la resolución del desafío, ahora la situación para la puntada $2n + 1$, que estamos suponiendo perpendicular a la línea inclinada, corresponde a

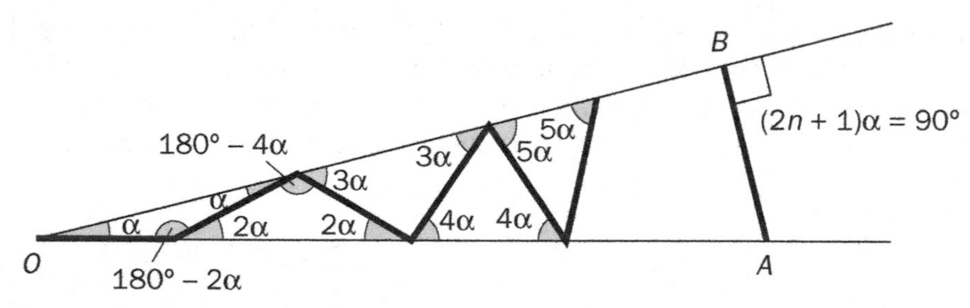

Así pues, los posibles valores de n son los que cumplen $(2n + 1)\,\alpha = 90^{\circ}$, es decir, $\alpha = 90^{\circ}/(2n + 1)$.

Por lo tanto, si $n = 1$ resulta $\alpha = 30^{\circ}$ y la tercera puntada es perpendicular a la línea inclinada; si $n = 2$ obtenemos $\alpha = 18^{\circ}$ y lo es la quinta; si $\alpha = 90^{\circ}/7$ lo es la séptima; si $\alpha = 10^{\circ}$ lo es la novena, y así sucesivamente.

III. ¿Cuál es el máximo número de puntadas que podemos dar, en función del ángulo α, si seguimos las indicaciones del problema planteado?

Ya hemos observado que en la situación estudiada en el apartado II la puntada $(2n + 1)$-ésima coincide con la $(2n + 2)$-ésima.

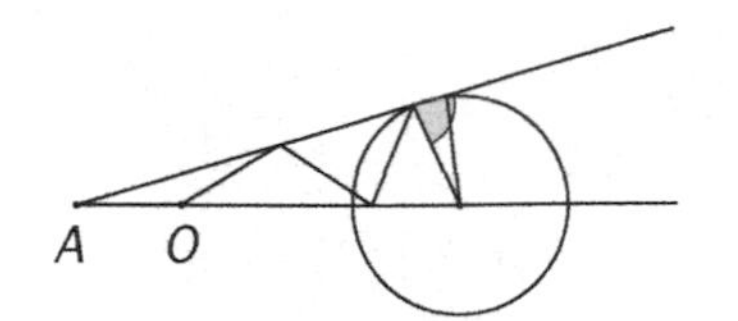

Ángulo un poco menor

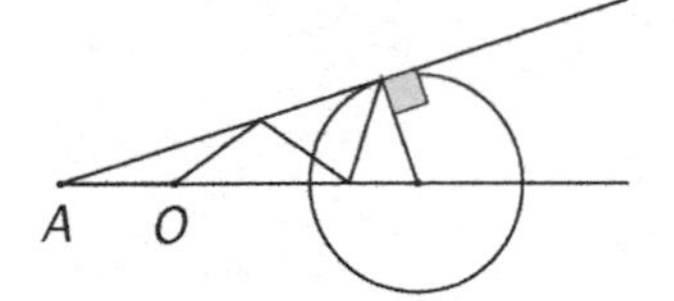

Ángulo en la situación del apartado II)

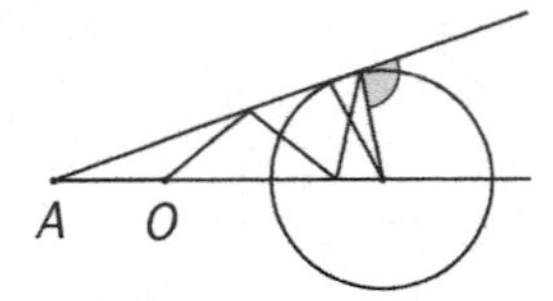

Ángulo un poco mayor

¿Qué sucedería si el ángulo fuese un poco menor o un poco mayor que uno de los ángulos α citados en el apartado II?

La circunferencia que trazaríamos para dibujar la puntada $(2n + 2)$ ya no sería tangente a la recta inclinada.

Se puede observar que si el ángulo es un poco menor podríamos hacer como mínimo una puntada más. Y si es un poco mayor ya nos veríamos obligados a retroceder y el número de puntadas en las condiciones del enunciado no aumentaría.

Podemos razonar de forma análoga con los ángulos citados en el apartado I.

Véase la figura siguiente:

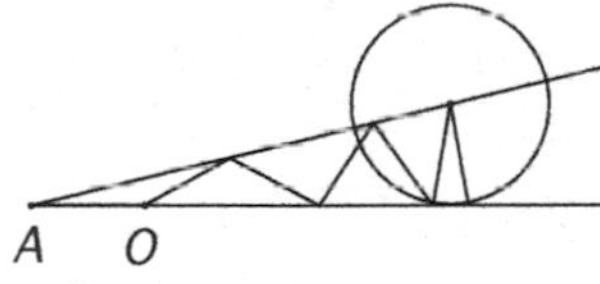

Ángulo un poco menor

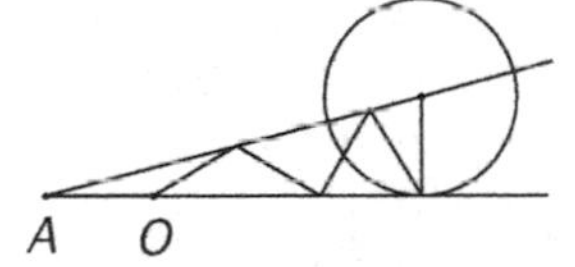

Ángulo en la situación del apartado I)

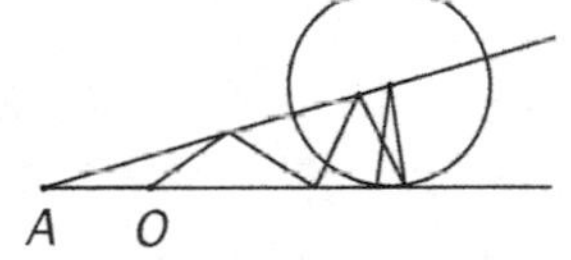

Ángulo un poco mayor

En resumen:

Los valores del ángulo α que limitan los intervalos para los cuales el número de puntadas es el mismo son, alternativamente $\alpha = 90^{o}/(2n + 1)$ para los valores de $n = 0, 1, 2, 3,..$ y $\alpha = 45^{o}/n$ para $n = 1, 2, 3,..$

Es decir:

- Ángulo mayor de 45º, una sola puntada.
- Ángulo en el intervalo (30º, 45º], dos puntadas.
- Ángulo en el intervalo (22,5º, 30º], tres puntadas.
- Ángulo en el intervalo (18º, 22,5º], cuatro puntadas.
- Ángulo en el intervalo (15º, 18º], cinco puntadas.

y así sucesivamente. Vemos, por tanto, que para un ángulo mayor de 45º, se puede dar una sola puntada y para ángulos en los intervalos de la forma $(90^{o}/(n + 1), 90^{o}/n]$ (con $n > 1$), es posible dar n puntadas.

De un lado para otro

Anton Aubanell Pou, Sergi del Moral Carmona, David Obrador Sala y Jorge Sánchez Pedraza

Hace muchos siglos un pequeño grupo de nuestros antepasados buscaban un lugar adecuado donde establecerse y formar un poblado. Fue así como descubrieron un magnífico territorio llano en forma de triángulo equilátero de 10 km de lado.

Era una tierra llena de posibilidades:

- A lo largo de uno de los lados del triángulo, discurría un río tranquilo y cristalino de donde podían tomar el agua e incluso pescar.
- Otro de los lados se abría en toda su longitud a una sabana en donde podrían cazar buenas piezas.
- El tercer lado limitaba completamente con un terreno fértil que podían cultivar.

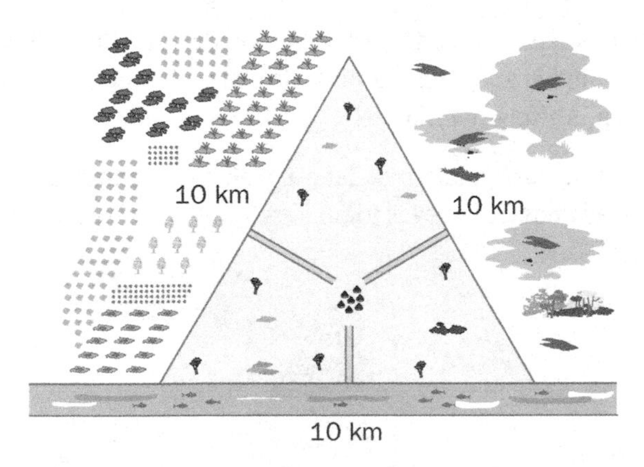

Felices con este descubrimiento se establecieron en un punto de esta vasta llanura triangular y construyeron tres caminos que unían el poblado con cada uno de los lados. Cada camino unía el poblado con uno de los lados en línea recta, de manera que el trayecto era el más corto posible.

Y empezaron a vivir según sus ancestrales costumbres.

Cada día, con el alba se dirigían al río a buscar agua e incluso, si la suerte acompañaba, algún pescado. De regreso al poblado cambiaban los cántaros por los arcos y las flechas y recorrían el camino hasta el límite de la sabana para cazar alguna presa, que llevaban al poblado ante la alegría de todos. En la hoguera cocinaban sus manjares. Tras la comida y antes del trayecto vespertino, siempre disfrutaban de un poco de descanso.

Por la tarde tomaban el camino hacia las zonas de cultivo para llevar a cabo rudimentarios trabajos agrícolas. Al atardecer volvían al poblado llevando, en ocasiones, el fruto de las sencillas cosechas.

Se trataba de una vida tranquila que solo tenía el inconveniente de las largas caminatas de ida y vuelta en línea recta por los trillados caminos hacia el río, la sabana y los cultivos. Paso a paso, ni muy lentos ni muy rápidos, a una velocidad constante de 5 km/h, cada día recorrían los tres caminos que les aseguraban su sustento. Eran felices y vivían en paz... aunque a veces se sentían cansados de tanto caminar.

El desafío es responder a estas preguntas: ¿en qué punto del territorio deben establecer el poblado para minimizar la distancia recorrida?, ¿cuántas horas emplea entonces cada día un individuo de esta tribu en recorrer ida y vuelta estos trayectos?

Solución

La solución, de manera muy escueta sería: nuestros esforzados antepasados emplearán 3,46 horas al día en aprovisionarse de agua y alimentos, independientemente del lugar donde sitúen el campamento.

En primer lugar te mostramos una demostración formal. En ella veremos que para cualquier punto de un triángulo equilátero la suma de distancias a los tres lados es la misma y que esta coincide con la altura del triángulo.

Consideremos un triángulo equilátero de lado L y altura h, y tomemos en su interior un punto cualquiera. Trazamos tres nuevos triángulos uniendo este punto con cada uno de los tres vértices.

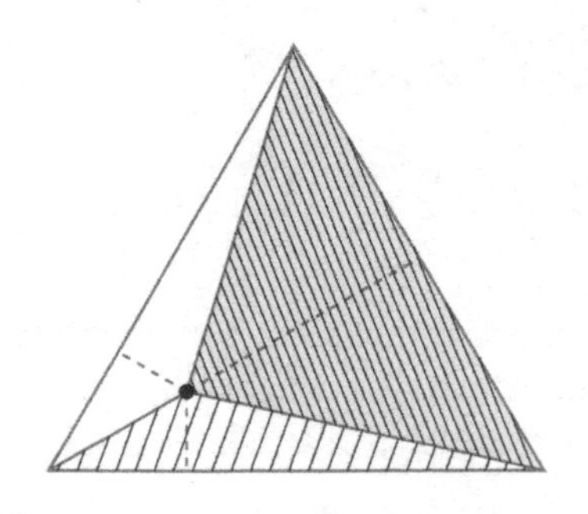

Calculemos ahora el área de cada uno de estos triángulos:

Como sabemos, el área de un triángulo es la mitad del producto de la longitud de la base por la altura. Observa que en los tres triángulos la altura es exactamente la distancia más corta desde el punto al lado, que en el dibujo siguiente hemos llamado a, b y c, y la base es la longitud L del lado de la región triangular de partida.

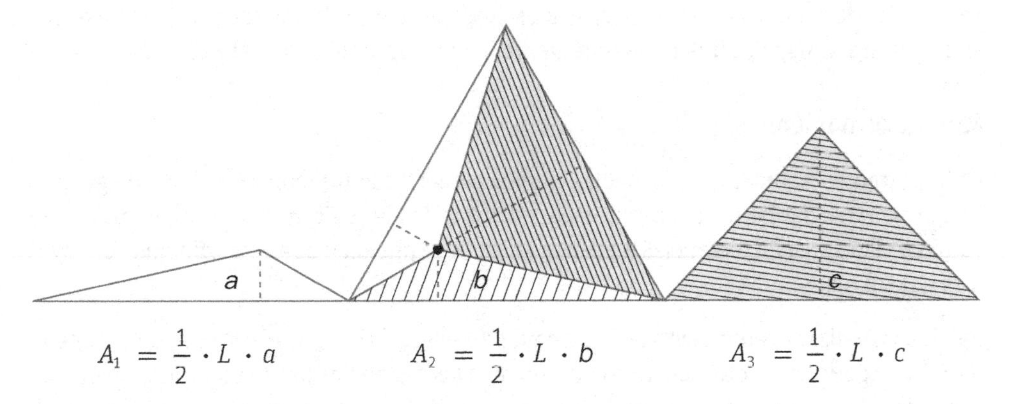

$$A_1 = \frac{1}{2} \cdot L \cdot a \qquad A_2 = \frac{1}{2} \cdot L \cdot b \qquad A_3 = \frac{1}{2} \cdot L \cdot c$$

Claramente, la suma de estas tres áreas es el área del triángulo grande y, sacando factores comunes y simplificando, tenemos:

$$A_T = \frac{1}{2} \cdot L \cdot h = A_1 + A_2 + A_3 = \frac{1}{2} \cdot L \cdot a + \frac{1}{2} \cdot L \cdot b + \frac{1}{2} \cdot L \cdot c = \frac{1}{2} \cdot L \cdot (a + b + c)$$

$$\frac{1}{2} \cdot L \cdot h = \frac{1}{2} \cdot L \cdot (a + b + c) \Rightarrow a + b + c = h.$$

Así pues, la suma de las distancias desde un punto interior cualquiera a los lados del triángulo equilátero coincide con su altura.

Si regresamos a nuestra tribu y su aldea: la suma de las distancias del poblado a los tres lados coincide con la altura del triángulo que, a su vez, podremos calcular aplicando el Teorema de Pitágoras.

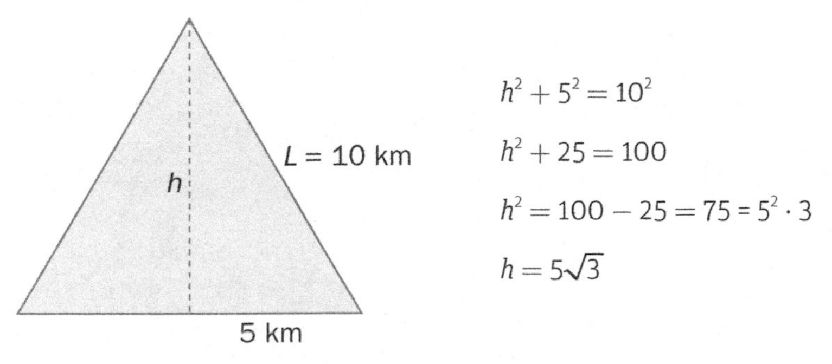

$$h^2 + 5^2 = 10^2$$

$$h^2 + 25 = 100$$

$$h^2 = 100 - 25 = 75 = 5^2 \cdot 3$$

$$h = 5\sqrt{3}$$

Por lo tanto, hemos visto que la suma de las distancias que van a recorrer los individuos del poblado es fija y, de hecho, coincide con el doble de la altura del triángulo, puesto que los trayectos son de ida y vuelta, luego el espacio recorrido, D, es:

$$D = 2 \cdot h = 10\sqrt{3} \text{ km}$$

y este espacio se recorre a una velocidad de 5 km/h, luego

$$t = \frac{10\sqrt{3}}{5} = 2\sqrt{3} \text{ horas} \approx 3{,}46 \text{ horas.}$$

Tal y como decíamos, nuestros antepasados emplearán 3,46 horas al día en los trayectos en la llanura triangular, independientemente del lugar donde sitúen el poblado.

Más información

Es importante remarcar que, de hecho, hemos demostrado un teorema clásico de geometría, el *Teorema de Viviani*, cuyo enunciado dice que desde cualquier punto de un triángulo equilátero la suma de distancias a los tres lados es la misma y que esta coincide con la altura del triángulo.

Puedes visualizar el enunciado del Teorema de Viviani con un *applet* de GeoGebra que te permite experimentar qué ocurre con la suma de las distancias desde un punto móvil hasta los tres lados del triángulo equilátero. Lo puedes encontrar en la página web http://ggbtu.be/m5087 y con él podrás observar que la suma de las tres distancias se mantiene constante y que esta cantidad constante coincide con la altura del triángulo.

Dos alfombras triangulares

Inmaculada Fernández Benito

En una habitación de planta rectangular, *ABCD*, se colocan dos alfombras triangulares: una de ellas, *ABP*, es rayada y la otra, *DAQ*, gris, como en la figura.

Se sabe que el área de la parte no cubierta por las alfombras (sin sombrear en la figura) mide 4,2 m^2. ¿Cuánto mide el área del cuadrilátero determinado por la región en la que se superponen las dos alfombras?

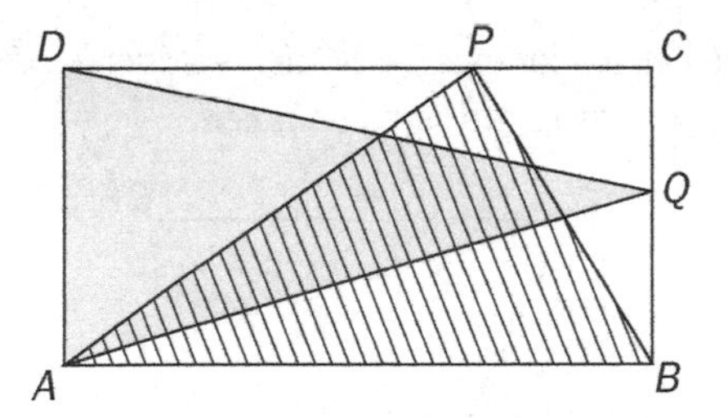

Solución

Observamos que el triángulo *ABP* se divide, al trazar su altura, en dos triángulos rectángulos, *ARP* y *BRP*; también vemos que el rectángulo *ABCD* contiene, además de estos dos triángulos, otros dos, *ADP* y *BCP*, congruentes respectivamente con los dos anteriores. De aquí se deduce que el área del rectángulo *ABCD* es doble de la del triángulo *ABP*. Razonando análogamente para la alfombra *DAQ*, se obtiene que su área es la mitad de la del rectángulo y, por tanto, la misma que la de la alfombra *ABP*.

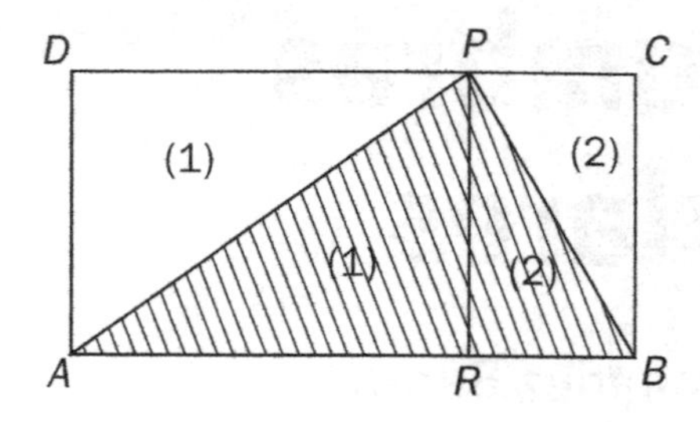

De ello se concluye que la suma de las áreas de las dos alfombras es igual al área del rectángulo y, en consecuencia, que el área de la zona no tapada debe ser igual a la de la zona de superposición de las alfombras, es decir, el área del cuadrilátero formado al superponerse las alfombras es 4,2 m^2.

A la conclusión (clave para resolver el problema) de que el área total del rectángulo es la suma de las áreas de las dos alfombras, también se puede llegar aplicando las fórmulas del área de un rectángulo $A_R = \text{base} \cdot \text{altura}$ y de un triángulo $A_T = \frac{\text{base} \cdot \text{altura}}{2}$, teniendo en cuenta asimismo que la base del triángulo *ABP* es la altura del *DAQ* y, recíprocamente, que la altura del *ABP* es la base del *DAQ*.

Más información

El enunciado de este problema es una variante de una pregunta de respuesta múltiple propuesta en el Concurso Canguro Matemático para segundo de Bachillerato del año 2006 y enunciada en los siguientes términos:

Los puntos M y N se eligen en los lados AB y BC del rectángulo ABCD de la figura. Luego el rectángulo se divide en varias partes, tal como se indica.

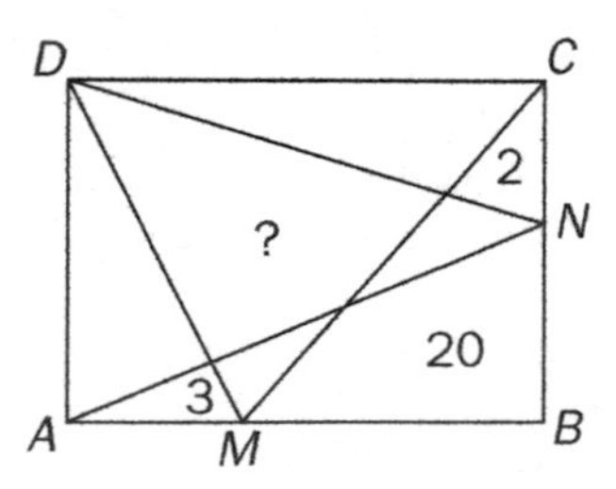

Se conocen las áreas de tres de esas partes, marcadas en la figura igualmente. Hallar el área del cuadrilátero marcado con "?".

Marca la respuesta correcta:

A) 20 **B)** 21 **C)** 25 **D)** 26 **E)** Faltan datos

Fue el profesor Francisco Bellot, Presidente de la Asociación Canguro Matemático Europeo, quien me habló de este problema, cuya belleza y simplicidad de resolución, aplicando el *Teorema de las alfombras*, me sedujeron desde el primer momento.

Dos segmentos iguales y en ángulo recto

Miguel Ángel Morales Medina

Partiendo de un triángulo cualquiera de vértices *ABC*, tomamos dos de sus lados, por ejemplo *AB* y *AC*, y dibujamos cuadrados apoyados en ellos. Llamamos *I* y *J* a los centros de los dos cuadrados y *H* al punto medio del lado del triángulo donde no hemos apoyado ningún cuadrado (el *BC* en este caso). El desafío consiste en demostrar que los segmentos *HI* y *HJ* tienen la misma longitud y que además forman un ángulo de 90º. La situación inicial puede verse en esta figura.

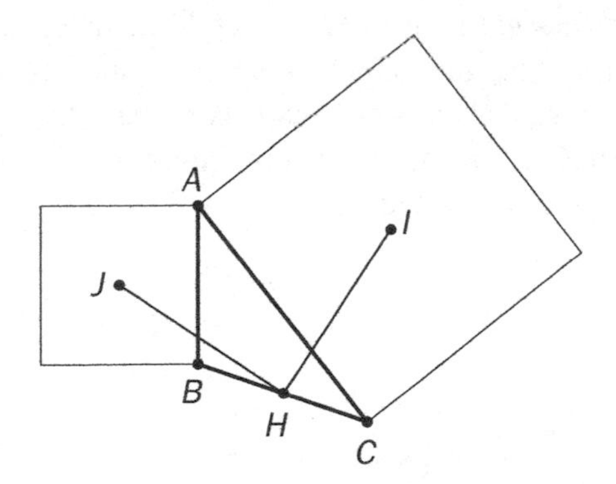

Solución

Vamos a utilizar semejanza de triángulos para la resolución de este desafío. Llamemos *K* al punto medio del lado *AB* y *L* al punto medio del lado *AC*, y dibujemos los triángulos *HKJ* y *HLI*. Representamos también en línea discontinua el segmento *KL*. La situación quedaría de la siguiente manera:

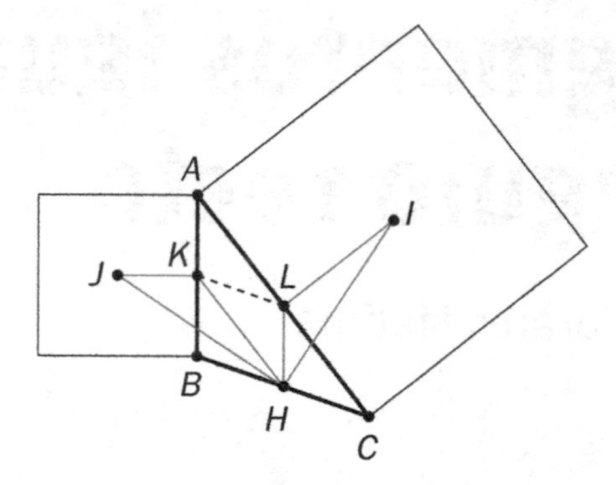

Como el segmento *LH* une los puntos medios de los lados *AC* y *BC*, entonces es paralelo al otro lado, el *AB*. Lo mismo ocurre con el segmento *KL*, que como une los puntos medios de los lados *AB* y *AC*, será paralelo al otro lado, el *BC*. Esto nos dice que *BHLK* es un paralelogramo, por lo que, en particular, los segmentos *KB* y *LH* son iguales. Pero *KB* y *JK* también son iguales, por lo que obtenemos que $JK = LH$.

El mismo razonamiento nos sirve para llegar a que *ALHK* es un paralelogramo, de donde, como en el caso anterior, podemos deducir que los segmentos *AL* y *KH* son iguales. Pero *AL* y *LI* también lo son, por lo que ahora se obtiene que $KH = LI$.

Por otro lado, los triángulos *KBH* y *LHC* tienen sus lados iguales y paralelos, por lo que el ángulo *BKH* y el ángulo *HLC* son iguales.

Recapitulemos: tenemos que el triángulo *HJK* (T_1, en la izquierda en la figura siguiente) y el *HLI* (T_2, en la derecha en la figura siguiente) tienen dos lados iguales ($JK = LH$ y $KH = LI$) y además también tienen igual el ángulo formado por esos lados (el ángulo *JKH* es $90^o +$ *BKH*, y el *HLI* es $90^o +$ *HLC*, que hemos visto antes que es igual a *BKH*). Con esto podemos concluir que los triángulos T_1 y T_2 son iguales.

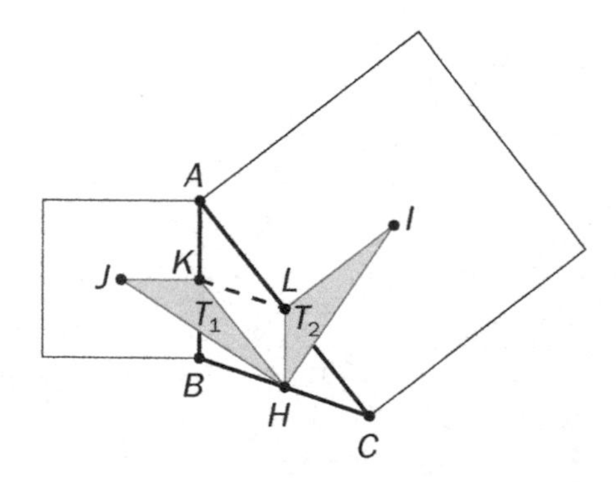

El hecho de que sean iguales nos asegura que los segmentos *HI* y *HJ* tienen la misma longitud.

Falta demostrar que estos dos segmentos forman un ángulo de 90°. Pero esto es sencillo:

- *JK* forma un ángulo de 90º con *AK*, que es paralelo a *LH*. Por tanto *JK* y *LH* forman un ángulo de 90º.
- *LI* forma un ángulo de 90º con *AL*, que es paralelo a *KH*. Por tanto *LI* y *KH* forman un ángulo de 90º.

Como los triángulos son iguales, todo esto nos asegura que los segmentos *HI* y *HJ* forman un ángulo de 90º.

Otras soluciones

Existen varias y variadas soluciones a este desafío aparte de la descrita. A continuación comentamos algunas de ellas.

Demostración vectorial

Fijamos el centro de coordenadas en el punto medio del lado del triángulo en el que no se apoyó ningún cuadrado (punto *H* en las figuras anteriores) y calculamos las coordenadas de los vectores *HI* y *HJ* que une este origen con los centros de los dos cuadrados. Después se calcula el módulo de esos vectores, obteniendo el mismo resultado, hecho que demuestra la primera cuestión planteada en el enunciado. Para la segunda, que el ángulo formado por esos dos vectores mide 90º, se utiliza el producto escalar de dos vectores en el plano, ya que si este es nulo (como es el caso), los vectores forman un ángulo de 90º.

Demostración usando números complejos

Una interesante propiedad de los números complejos es que si multiplicamos un número complejo por *i* lo que conseguimos es girar ese número complejo 90º en el sentido contrario al de las agujas de un reloj. Fijando de nuevo el origen de coordenadas en el punto *H* y demostrando que el número complejo que representa a *J* es igual al número complejo que representa a *I* multiplicado por la unidad imaginaria *i* tenemos demostradas las dos partes del desafío.

Demostración duplicando la figura inicial

Tomamos la figura inicial, la duplicamos y la pegamos por el lado del triángulo donde no se apoyaba ningún cuadrado. Después se demuestra que al unir consecutivamente los centros de los cuatro cuadrados obtenidos se obtiene a su vez otro cuadrado, resultado conocido como teorema de Thebault. Como *H* es el centro de dicho cuadrado y *HI* y *HJ* son la mitad de sus diagonales, quedan demostradas las dos partes del problema (ya que estas dos mitades de diagonal son, evidentemente, iguales y las diagonales de un cuadrado forman ángulos de 90º).

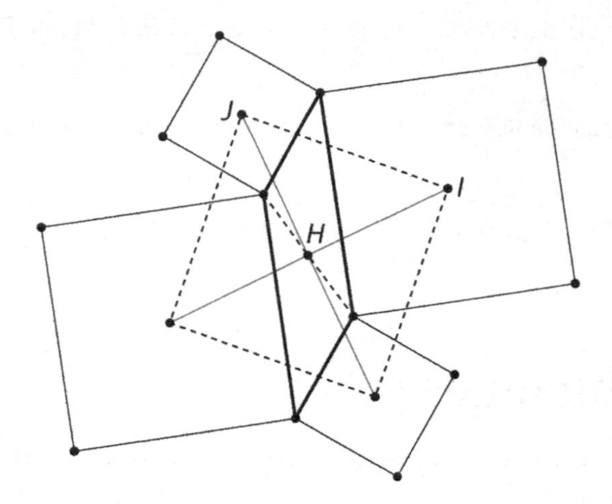

Más información

Este desafío está muy relacionado con el resultado conocido como *Teorema de Van Aubel*, llamado así por el matemático holandés Henry Van Aubel, y cuyo enunciado es el siguiente:

> *Dado un cuadrilátero cualquiera en un plano, a partir de cada lado dibujamos un cuadrado apoyado en él. Entonces los segmentos que unen los centros de cuadrados situados en lados opuestos tienen la misma longitud y además son perpendiculares.*

Esto es, los segmentos *MO* y *NP* que aparecen en la figura siguiente tienen la misma longitud y son perpendiculares:

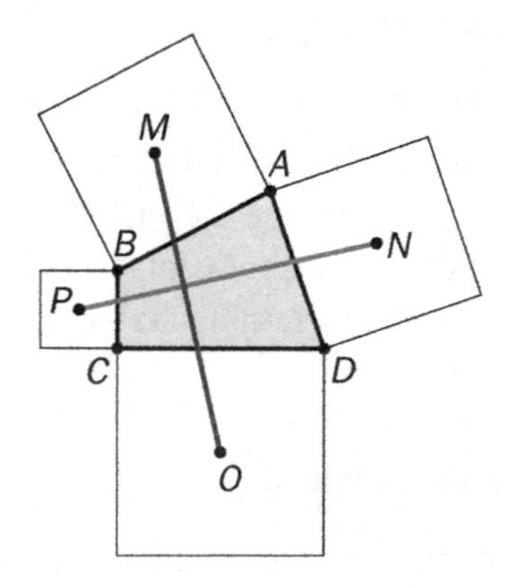

El *Teorema de Van Aubel* puede demostrarse fácilmente utilizado el resultado probado en el desafío.

Capítulo 5
¿Se puede o no se puede?

Un cubo de suma cero

Izar Alonso Lorenzo y Paula Sardinero Meirás

A cada uno de los ocho vértices de un cubo le asignamos un 1, o un -1. Después asignamos a cada una de sus seis caras el producto de los números de sus vértices.

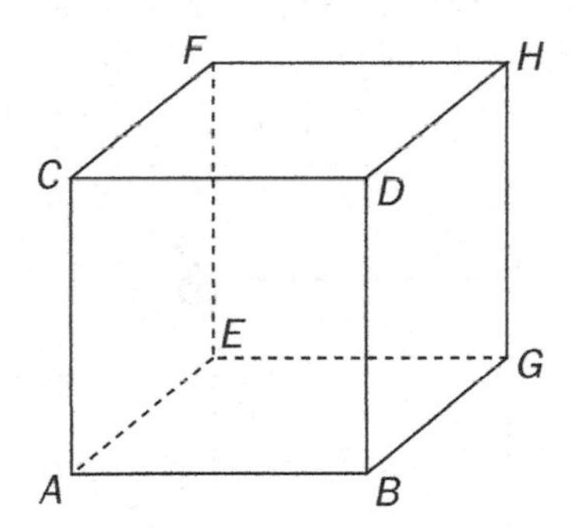

Por ejemplo, si en el cubo de la figura asignamos los siguientes valores a los vértices:

$$A = -1, B = 1, C = 1, D = -1, E = -1, F = -1, G = 1, H = 1,$$

las caras tendrán los valores:

$$ACDB = 1, EFHG = 1, ACFE = -1, BDHG = -1, AEGB = 1, CFHD = 1$$

y el cubo quedará así:

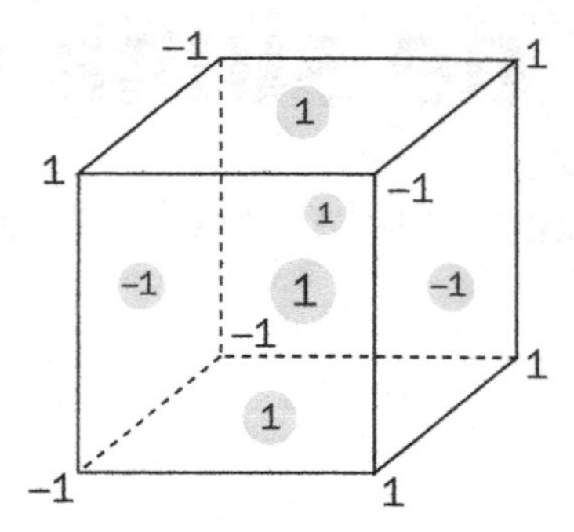

La suma de estos catorce números es 2.

¿Puedes asignar valores a los vértices de manera que la suma de los catorce números sea cero?

Solución

Llamamos A, B, C, D, E, F, G y H al valor que pongamos en cada uno de los ocho vértices del cubo. Cada una de estas letras toma el valor 1 o el valor -1.

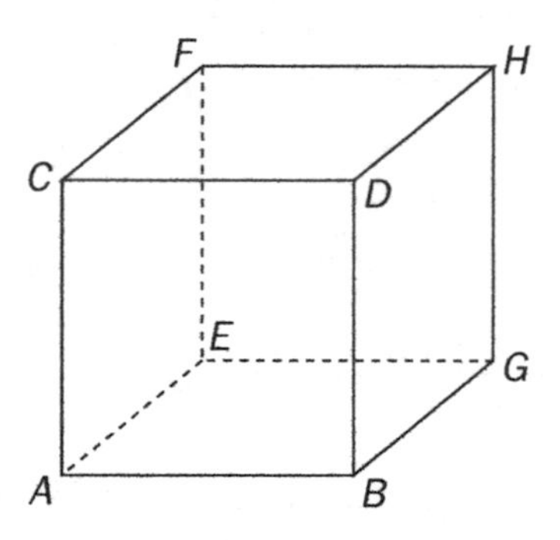

La suma de los catorce números es:

$$A+B+C+D+E+F+G+H+(ACDB)+(EFHG)+(ACFE)+(BDHG)+(AEGB)+(CFHD).$$

Para que esta suma sea cero tendría que haber 7 unos y 7 menos unos. Su producto sería entonces -1; pero al hacer el producto cada símbolo aparece cuatro veces, luego coincide con $(ABCDEFGH)^4$, que es 1.

Por lo tanto, cualquiera que sea la configuración de unos y menos unos en los vértices, su suma nunca podrá ser cero.

Otras Soluciones

1. Debemos conseguir que catorce números, cada uno de los cuales es 1 o -1, tengan suma $S = 0$. Si cambiamos un único sumando de signo (de positivo a negativo o viceversa), la suma S disminuirá o aumentará en 2.

Pero nuestros catorce sumandos están "ligados", es decir, el cambio de signo de uno de los vértices provocará además el cambio de signo de los números de las tres caras de las que forma parte, por lo que los signos de los catorce sumandos cambian en bloques de cuatro. Así, el cambio de signo de uno de los vértices hace que la suma varíe en un múltiplo de 4: disminuye o aumenta 8, (cambiando 1, 1, 1, 1 en -1, -1, -1, -1 o viceversa); disminuye o aumenta en 4 (cambiando 1, 1, 1, -1 en -1, -1, -1, 1 o viceversa) o se conserva (cambiando 1, 1, -1, -1 en -1, -1, 1, 1).

Empecemos colocando en cada uno de los vértices el número 1. A cada cara le corresponderá también 1, y en este caso $S = 14$.

Llegaremos a cualquier posible configuración cambiando sucesivamente los signos de algunos vértices.

Cualquiera que sea el cambio que hagamos, la suma variará en un múltiplo de 4. Pero entonces no podremos llegar a tener suma 0, ya que 14 no es múltiplo de 4, y 0 sí lo es. De hecho, en cualquier posible configuración, la suma será, al igual que 14, un múltiplo de 4 más 2.

2. Para que la suma de los catorce números, que solamente toman los valores 1 y -1, sea 0 debe haber siete números positivos y siete negativos. Para contar cuántos -1 aparecen, miramos una cualquiera de las caras del cubo. Tenemos cinco números: los de los cuatro vértices y su producto en la cara. Entre estos cinco números tendremos siempre una cantidad par de -1:

- Si hay una cantidad impar de negativos en los vértices, la cara será -1, y en total tendremos una cantidad par de -1.
- Si hay una cantidad par de negativos en los vértices, la cara será 1, y no cambia la paridad.

Esto pasa en cada una de las seis caras. Mirándolas de una en una habremos contado en total una cantidad **par** de -1.

Pero si uno de ellos está en un vértice lo habremos contado tres veces, al mirar cada una de las tres caras en las que interviene, así que tendremos que restar los que hemos contado de más. No importa cuál sea la cantidad de -1 que figuren en los vértices: su doble, que es lo que hay que restar, será siempre un número par, y como la diferencia entre dos números pares es siempre par, en total tendremos, cualquiera que sea la configuración, una cantidad par de -1. ¡Pero 7 es impar! Nunca podremos conseguir que la suma sea 0.

Más información

La fuente de inspiración de este desafío se encuentra en el problema 1 de la VI Olimpiada Iberoamericana de Matemáticas (Córdoba, Argentina; 1991). Se preguntaba entonces por los valores que podría tomar la suma S de los catorce números. Como se indica en la solución 1, cualquiera que sea la asignación de $+1$ o -1 a los vértices del cubo, S será un múltiplo de 4 más 2, así que esos posibles valores se encuentran entre los números -14, -10, -6, -2, 2, 6, 10, 14.

Es fácil ver que el valor -14, que necesita que los 14 números sean todos iguales a -1, no puede alcanzarse.

Tampoco existe ninguna configuración que proporcione $S = 10$: para que así ocurra, debe haber exactamente dos -1, entre los números de los vértices y de las caras. Pero un -1 en un único vértice da lugar a otros tres en las caras que concurren en él, y dos únicos -1 en los vértices, tanto si estos determinan una arista, o la diagonal de una cara, o una diagonal del cubo, cambian a -1 los signos de al menos dos caras, con lo que entre los 14 sumandos el número de -1 sería, en cualquier caso, mayor que dos.

Los restantes valores -10, -6, -2, 2, 6 y 14 sí pueden obtenerse.

Un reloj de dos colores

Elisa Lorenzo García

Se dispone de un reloj con sus doce números en torno a una circunferencia, tal y como se muestra en la figura. Se pintan de gris seis de los números. El problema consiste en demostrar, que, independientemente de cuáles sean esos seis números grises, siempre existirá al menos una recta que divida al reloj por la mitad, dejando en cada lado seis números, tres pintados de gris y tres sin pintar.

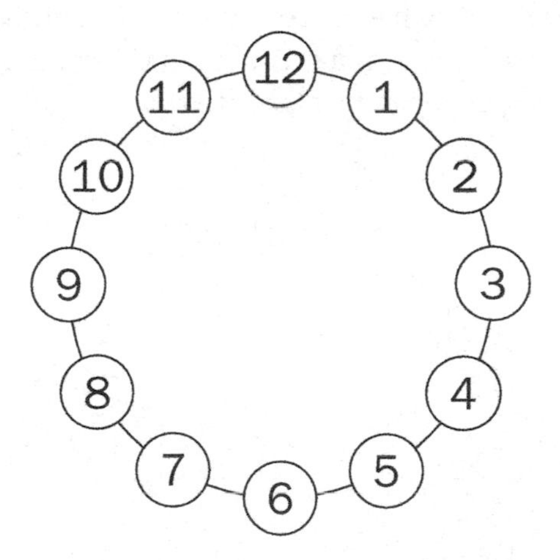

Por ejemplo, si los números que se han pintado son el 1, el 2, el 4, el 8, el 9 y el 10, una recta con esta propiedad sería la indicada.

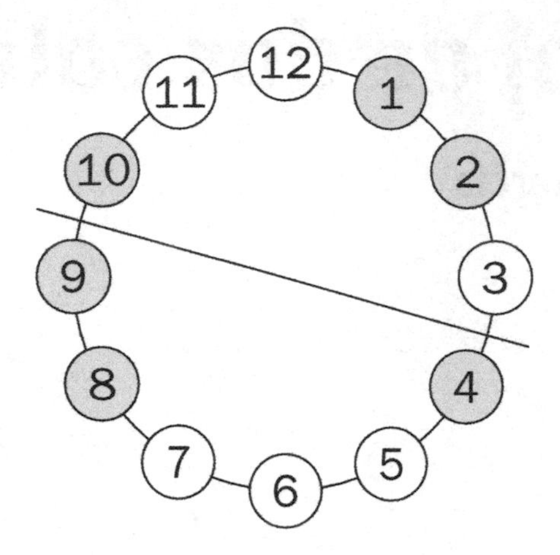

No tiene por qué existir una única recta con esta propiedad. Pero siempre existe al menos una.

Solución

Partamos de una recta cualquiera que divida al reloj por la mitad dejando seis números a cada lado. Y seleccionemos una de las dos mitades. Fijémonos en cuántos números pintados de gris hay en dicha mitad. Si fuesen tres, esta recta cumpliría ya las condiciones del problema. Supongamos pues, que no son tres, y que, por ejemplo, son cuatro. Entonces en la otra mitad habrá $6 - 4 = 2$ números pintados de gris.

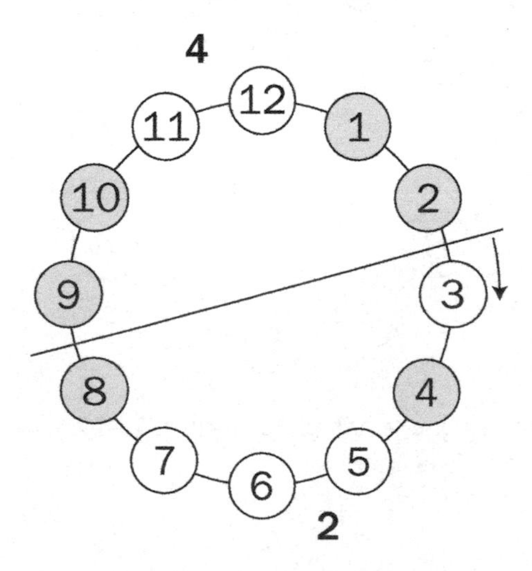

Vayamos girando la recta en el sentido de las agujas del reloj poco a poco, de modo que dejemos un número fuera de la mitad inicial y tomemos un número nuevo. En el caso de que los números añadidos estén ambos pintados o ambos sin pintar, la cantidad de números grises será la misma en esta nueva mitad, sin embargo, si hemos añadido y quitado números de distinto color habrá variado en más o menos uno.

Cuando hayamos girado la recta 180º estaremos considerando la mitad opuesta a la primera que habíamos considerado, que tenía dos números pintados de gris. Es decir, moviéndonos de uno en uno, nos habremos movido de una mitad que tenía cuatro números pintados de gris a una con dos números pintados de gris. De esta forma, necesariamente, habremos pasado por una mitad que tenía tres números pintados de gris. La recta que determinaba esta mitad cumple la propiedad pedida en el problema.

Si la mitad inicial hubiese tenido 0, 1, 2, 5 o 6 números pintados de gris, el razonamiento habría sido completamente análogo.

Aunque es posible dar otras demostraciones, como por ejemplo ir estudiando por separado las distribuciones en que podían haber quedado los seis números pintados, la que hemos presentado tiene la ventaja de que es inmediatamente generalizable a un "reloj" con 100 números en el que se pintaran 50 números de gris y se pidiera demostrar la existencia de una recta que dividiera al reloj en dos mitades, cada una con 25 números pintados de gris.

Más información

La idea clave en esta demostración es una versión discreta del Teorema de Bolzano que se explica en cualquier curso básico de cálculo.

Teorema (*Bolzano*): Sea f: $[a, b] \rightarrow \mathbf{R}$ una función continua del intervalo $[a, b]$ que toma valores reales, y sea u un número real contenido en el intervalo $[f(a), f(b)]$ o $[f(b), f(a)]$ (según sea $f(a) \leq f(b)$ o $f(b) \leq f(a)$). Entonces existe c en el intervalo $[a, b]$ tal que $f(c) = u$.

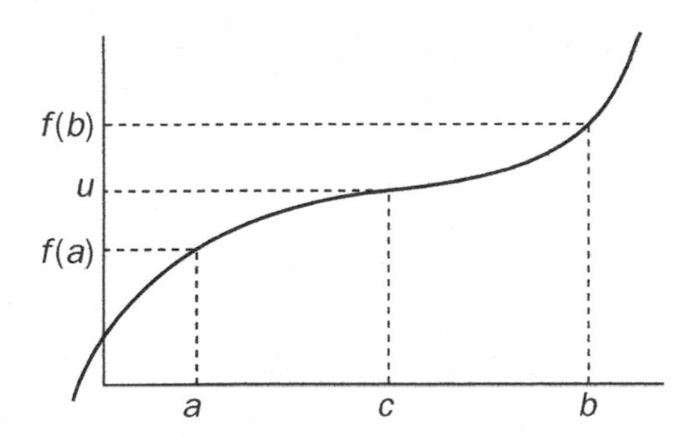

Partículas en colisión

Antonio Aranda Plata

En un recinto cerrado tenemos un conjunto de partículas en tres estados diferentes: positivo (+), negativo (–) y neutro (N). Inicialmente hay treinta partículas positivas, diez negativas y diecisiete neutras.

[+] → 30
[–] → 10
[N] → 17

En un momento dado, las partículas comienzan a moverse y a chocar entre ellas. Cuando dos partículas de diferente estado chocan, ambas cambian al estado restante. Es decir, si chocan una partícula positiva y otra negativa, tras el choque se convierten en dos neutras. De la misma manera, si chocan una positiva y una neutra se convierten en dos negativas y si chocan una negativa y una neutra se convierten en dos positivas.

1[+] + 1[–] → 2[N]
1[+] + 1[N] → 2[–]
1[–] + 1[N] → 2[+]

Esto significa que cada vez que chocan dos partículas de diferente estado, hay una partícula menos de cada uno de sus estados mientras que al estado restante se incorporan dos unidades. Cuando colisionan dos de igual estado, se saludan cordialmente y ¡no pasa nada!

De esta manera el número de partículas en cada estado va variando a medida que se producen los choques. Lo que se pregunta en este desafío es si existe una secuencia de choques tal que al final todas las partículas acaben teniendo el mismo estado.

Solución

Supongamos que hubiera solución, y que todas las partículas fueran finalmente neutras (por ejemplo). Eso quiere decir que habría **cero** partículas positivas y **cero** negativas y, por tanto, el número de partículas positivas sería igual al de negativas.

Por otra parte, cuando se produce un choque, la diferencia entre el número de partículas positivas y el número de partículas negativas solo puede:

- Quedarse como está, si el choque es entre una partícula positiva y otra negativa.
- Disminuir en 3, si el choque es entre una positiva y una neutra.
- Aumentar en 3, si el choque es entre una negativa y una neutra.

Antes del choque	Dif.	Choque	Después del choque	Dif.
30[+] – 10[–]	20	1[+] + 1[–] → 2[N]	29[+] – 9[–]	20
30[+] – 10[–]	20	1[+] + 1[N] → 2[–]	29[+] – 12[–]	17
30[+] – 10[–]	20	1[–] + 1[N] → 2[+]	32[+] – 9[–]	23

En particular, la diferencia solo varía de tres en tres. Eso quiere decir que, al final, solo puede ser cero si inicialmente es múltiplo de 3. Como la diferencia inicial es $30 - 10 = 20$, se deduce que nunca puede ser cero, es decir, que el número de partículas positivas nunca puede ser igual al de negativas.

El mismo razonamiento sirve para justificar que no podemos acabar teniendo todas las partículas positivas o todas negativas.

Más información

Este problema, de origen desconocido, es una versión con partículas del llamado "problema de los camaleones", donde los animales pueden cambiar de color, que aparece propuesto en el libro de Peter Winker *Mathematical Mind-Benders*.

Se puede probar algo más general:

1. Si las tres diferencias entre los números son múltiplos de 3, entonces cualquier carga puede ser la final.
2. Si una sola de las diferencias es múltiplo de 3, entonces todas las partículas se pueden transformar en la carga restante.
3. Si ninguna de las diferencias es múltiplo de 3, como en el problema propuesto, ninguna de las cargas puede quedar como única.

Doce vértices, ¿y seis distancias distintas?

Irene Ferrando Palomares y Alejandro Miralles Montolío

En un cuadrado es muy fácil observar que no podemos emparejar sus cuatro vértices, sin repetir ninguno, de forma que obtengamos dos segmentos de longitud distinta. O bien podemos conseguir las dos diagonales o bien dos de los lados pero nunca podremos obtener un lado y una diagonal emparejando vértices distintos.

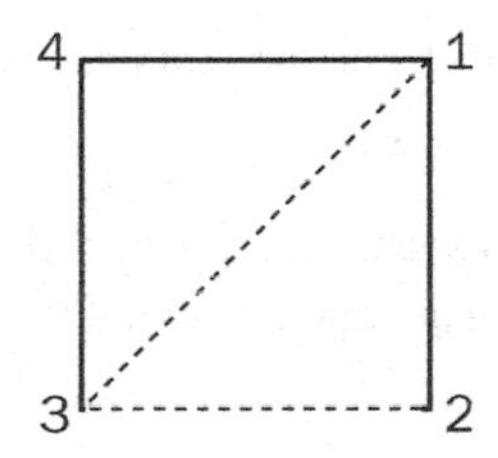

En cambio, en un octógono regular, sí que podemos emparejar sus ocho vértices, sin repetir ninguno, para obtener cuatro segmentos de distinta longitud. Numerando los vértices del octógono del 1 al 8 en el sentido de las agujas del reloj, una forma de emparejarlos sería: (1, 2), (3, 6), (5, 7) y (4, 8).

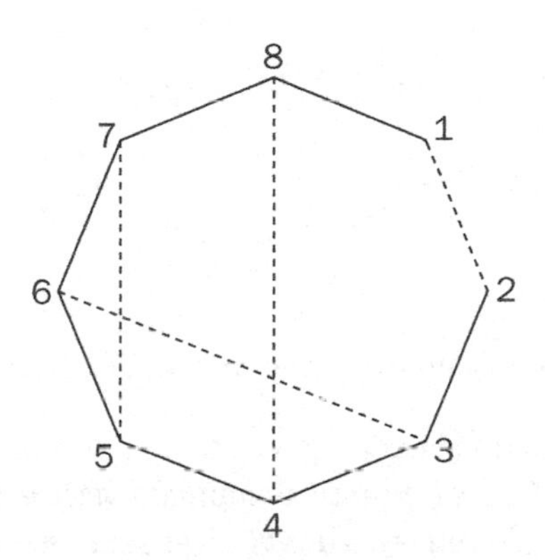

En el desafío que proponemos, utilizaremos un dodecágono regular, el polígono regular de doce lados. Numeramos sus vértices en el sentido de las agujas del reloj. Al unir vértices distintos, podemos conseguir como máximo seis segmentos de longitud distinta. El desafío consiste en averiguar si es o no posible emparejar los doce vértices, sin repetir ninguno, para obtener estos seis segmentos.

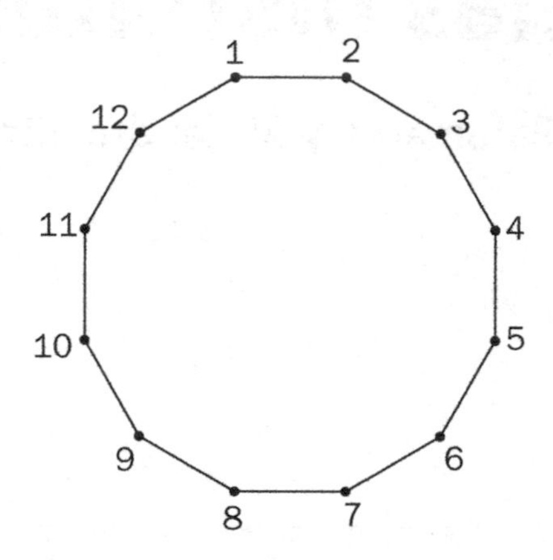

Solución

La solución a este desafío es que no es posible obtener los seis segmentos pedidos. Veamos por qué.

Vamos a llamar L_i a la longitud del segmento que une el vértice a con el vértice $a + i$. Está claro que esta longitud no depende de la elección del vértice a.

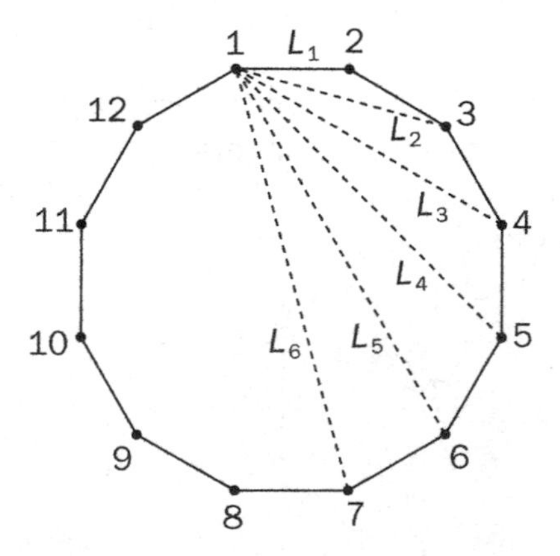

Si existiesen los seis segmentos tendrían longitudes L_1, L_2, L_3, L_4, L_5 y L_6.

Dibujando los segmentos sobre el dodecágono con sus vértices numerados, es obvio que los segmentos de longitud L_1, L_3 y L_5 unirán siempre un vértice par y otro impar, así que la suma de los números marcados en estos dos vértices será un número impar. Sin embargo, los segmentos de longitud L_2, L_4, y L_6 unirán dos vértices de la misma paridad: o bien los dos serán pares o bien los dos serán impares. Por tanto, la suma de los dos números marcados en los vértices de uno de estos segmentos será un número par.

En consecuencia, la suma de los números marcados en los doce vértices del dodecágono será la suma de los seis pares que acabamos de describir, es decir, tres números pares y tres números impares, que siempre suman un número impar. Sin embargo, los vértices no se pueden repetir, así que la suma de estos doce vértices es la suma de los números del 1 al 12, que es 78, un número par, lo cual contradice lo anterior y prueba que no es posible obtener tales segmentos.

Más información

Este problema, aparentemente geométrico, es en realidad un problema de paridad. De hecho se puede extender al estudio de polígonos con un número par de lados. Siempre se cumple que en un polígono regular de $2n$ lados solo es posible unir sus vértices, sin repetir ninguno, para obtener n segmentos de longitud distinta cuando $2n$ es de la forma $8k$ u $8k + 2$. En caso de que $2n$ sea de la forma $8k + 4$ u $8k + 6$, esto no es posible.

Partículas en movimiento

Eva Elduque Laburta y Sofía Nieto Monje

Tenemos una caja con forma de prisma recto de altura 40 cm y base un triángulo equilátero de lado 60 cm. Introducimos en ella cinco partículas, que hay que pensar que son como puntos que se mueven al azar por la caja, tanto por el interior, como por sus caras.

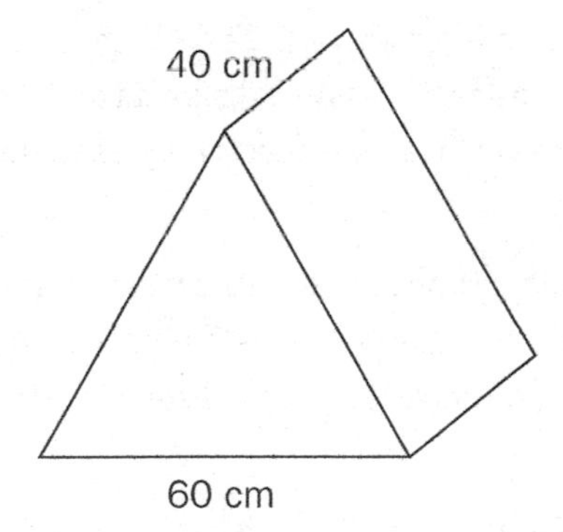

Demuestra que, en cualquier momento que observemos las partículas en la caja, habrá al menos dos partículas que disten entre sí estrictamente menos de 50 cm.

Solución

Primero, dividimos la caja en otras cuatro cajas idénticas, de base un triángulo equilátero de 30 cm de lado y altura 40 cm como en la figura.

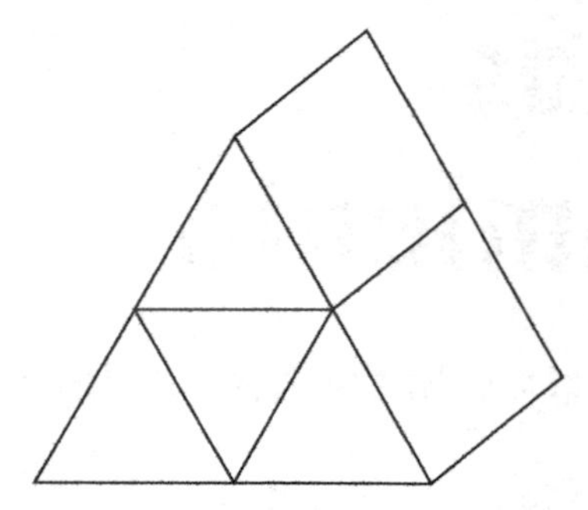

Hay cinco partículas en cuatro cajas. Por tanto, tiene que haber al menos dos partículas en una de esas cuatro cajas. La mayor distancia a la que pueden estar dos partículas en una de estas cajas es la distancia entre los dos extremos de una diagonal de una de las caras rectangulares. Como estos rectángulos tienen lados de 30 y 40 cm, por el teorema de Pitágoras, la diagonal mide 50 cm. Tenemos ahora dos casos: que esas dos partículas estén a distancia menor que 50 cm, en cuyo caso habremos acabado, o que estén a distancia de exactamente 50 cm.

Observamos que si hay tres partículas en una de estas cajas pequeñas, al menos dos tienen que estar a distancia de menos de 50 cm. Para que dos partículas en una caja pequeña estén a 50 cm justos, tienen que estar en vértices de la misma. Solo hay dos vértices que disten de otro dado 50 cm, y estos dos están a distancia de 30 cm entre sí, así que, efectivamente, si hay tres partículas en una de las cajas pequeñas, dos de ellas están a distancia menor que 50 cm.

Volvemos a nuestro problema. Estamos en el caso en el que dos de las cinco partículas están en dos vértices de una de las cajas pequeñas, a distancia de 50 cm. Veamos que podemos encontrar dos partículas de entre las cinco a distancia estrictamente menor. Tenemos ahora dos posibilidades:

1. Estas dos partículas están en dos vértices del prisma interior. Las simbolizamos con puntos negros en la figura, donde hemos numerado los prismas.

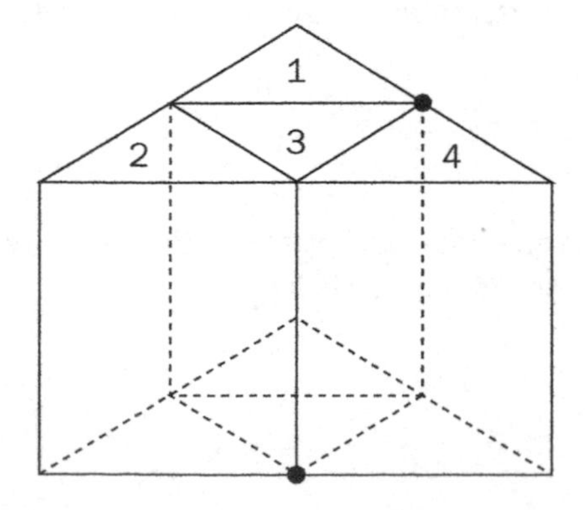

Vemos que los cuatro prismas contienen al menos a una de esas dos partículas, y dos de esos prismas, el 3 y el 4, contienen a las dos.

Por tanto al colocar las tres partículas restantes, habrá un prisma que contenga 3 partículas y por la observación anterior habremos acabado.

2. Una de estas partículas está en un vértice de la caja grande, y la otra en uno de los vértices del prisma interior, simbolizadas por puntos negros en la figura.

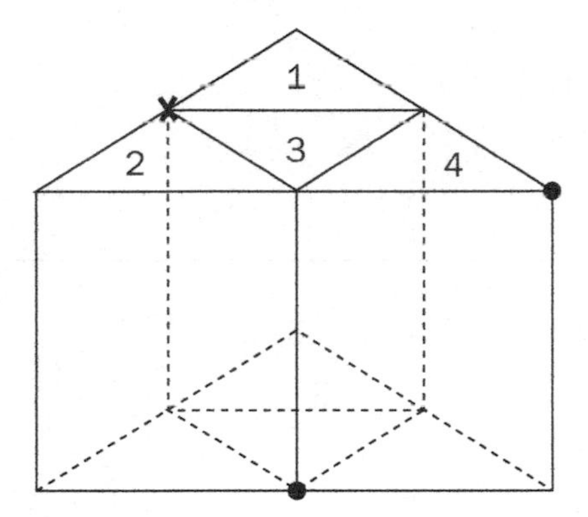

Para que las partículas estuvieran todas a distancia mayor o igual que 50 cm en este caso, no puede haber ninguna partícula más en el prisma 3. Esto es así porque el único lugar en ese prisma a distancia mayor o igual que 50 cm de los puntos negros es el vértice marcado con una cruz, pero si hubiera una partícula ahí estaríamos en el caso descrito en la primera posibilidad. Tenemos que repartir, pues, las tres partículas restantes entre los prismas 1 y 2, ya que el 4 ya tiene dos partículas.

Como el prisma 2 ya tiene una partícula, solo puede tener otra más, y tendríamos entonces al menos dos partículas en el prisma 1, pero no en la cara que comparte con el prisma 3. Estas dos partículas no pueden estar a distancia mayor o igual que 50 cm, ya que el prisma 1 solo tiene dos vértices no compartidos con el 3, y distan entre sí 40 cm.

Concluimos, por tanto, que es imposible que todas las partículas estén a distancia mayor o igual que 50 cm.

Ya hemos demostrado lo que queríamos, pero ahora se nos puede plantear una duda. Sabemos ya que no puede haber cinco (o más) partículas en la caja de manera que todas estén a distancia mayor o igual que 50 cm. entre sí, pero ¿qué pasa con cuatro (o menos) partículas? La respuesta entonces es que puedes colocarlas de manera que todas estén a distancia mayor estricta que 50 cm. Por ejemplo, tres partículas en los vértices de la base inferior de la caja, y otra en el centro del triángulo de la base superior.

Más información

En la demostración de este desafío, hemos usado varias veces lo que se conoce como *principio del palomar*. Lo hemos usado sin explicarlo, porque es un resultado muy intuitivo y el lector estará familiarizado con él, aunque no lo haya oído en la vida. El principio del palomar dice que si tenemos n palomas en m palomares, y $n > m$, entonces, alguno de estos palomares tiene al menos dos palomas. Para esta demostración, basta con cambiar "palomas" por "partículas" y "palomares" por "prismas".

Ciudades y carreteras

Adolfo Quirós Gracián

Las ciudades de una comarca están unidas por una red de carreteras. En una de las ciudades, no nos importa en cuál, vive un lechero que cada día reparte leche en todas las ciudades. Para ser eficaz, en su recorrido pasa exactamente una vez por cada ciudad y finalmente vuelve a la de partida.

Por ejemplo, si hubiese veinte ciudades unidas por carreteras como en este diagrama:

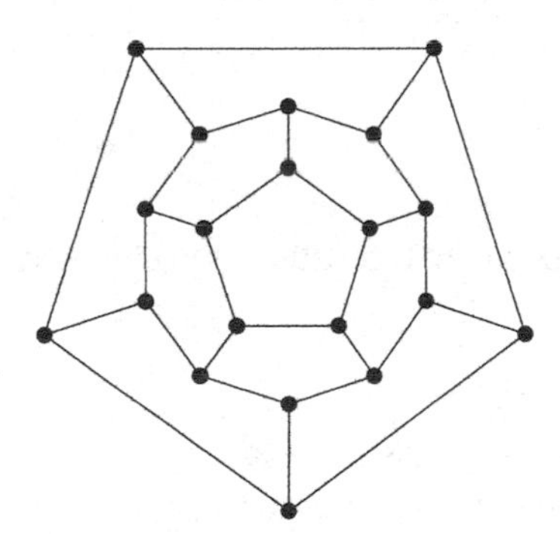

El lechero podría recorrer el circuito marcado en trazo grueso:

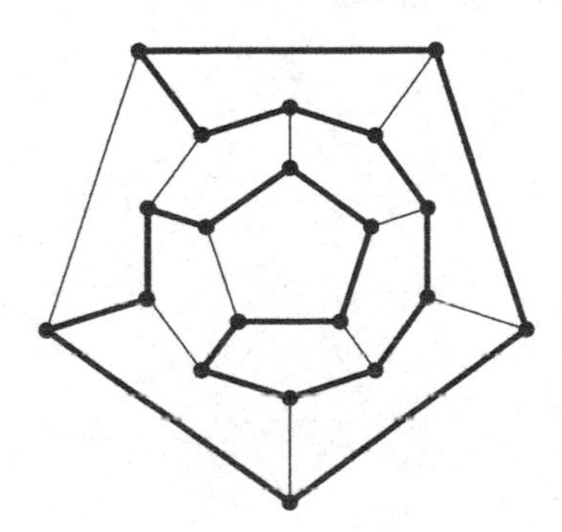

Como el lechero tiene que volver a su casa, se trata de un circuito y podemos empezar y acabar en cualquier ciudad, es decir, funciona independientemente de dónde viva el lechero.

Observa que no hemos usado todas las carreteras, pero eso no importa.

Supón ahora que el en la comarca hubiese once ciudades y que el mapa de carreteras tuviese este aspecto:

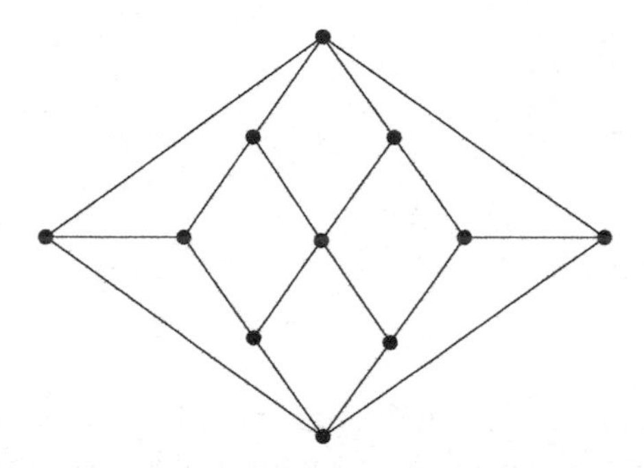

El desafío consiste en, o bien encontrar un recorrido como el de antes, que empieza en una ciudad, pasa una vez por cada una de las demás y vuelve a la ciudad de partida, o bien demostrar que tal recorrido no existe, es decir, que el lechero tendrá que pasar más de una vez por alguna (o algunas) de las ciudades antes de volver a casa.

Solución

Vamos a demostrar que no existe un recorrido como el que buscamos.

Primera solución

Si te fijas bien, quizás observes que las ciudades pueden pintarse, como en el dibujo, con dos colores, digamos, blanco y negro, de forma que los vértices blancos solo se comuniquen directamente con los negros y los negros con los blancos (o sea, que no haya ninguna carretera entre ciudades del mismo color).

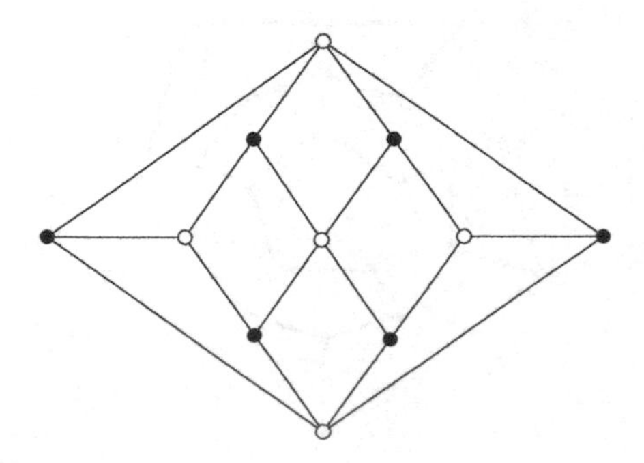

Tenemos así seis ciudades negras y cinco blancas. El lechero puede vivir y, por tanto, empezar el recorrido en una ciudad negra o en una ciudad blanca.

Si el lechero vive en una ciudad negra, tendrá que ir de su casa a una blanca, después a una negra, luego a otra blanca,... y la undécima ciudad que visite, la última antes de volver a casa, será negra. Pero no hay carreteras que unan dos ciudades negras, de manera que no podrá regresar a su residencia sin repetir antes alguna ciudad. Por tanto el recorrido deseado no existe.

Como buscamos un circuito, no importa por donde empecemos y no haría falta pensar qué sucedería si el lechero viviera en una ciudad blanca. Pero puedes observar que la situación sería todavía peor: blanca, negra, blanca, negra, blanca, negra, blanca, negra, blanca, negra, ¿y ahora qué? Solo hemos recorrido diez ciudades y, antes incluso de llegar a la última, que volvería a ser negra, tenemos necesariamente que repetir una blanca.

Segunda solución

Como el lechero llega a cada ciudad por una carretera y se marcha por otra, hay que usar dos y solo dos carreteras por ciudad. Como consecuencia, si numeras las ciudades para distinguirlas,

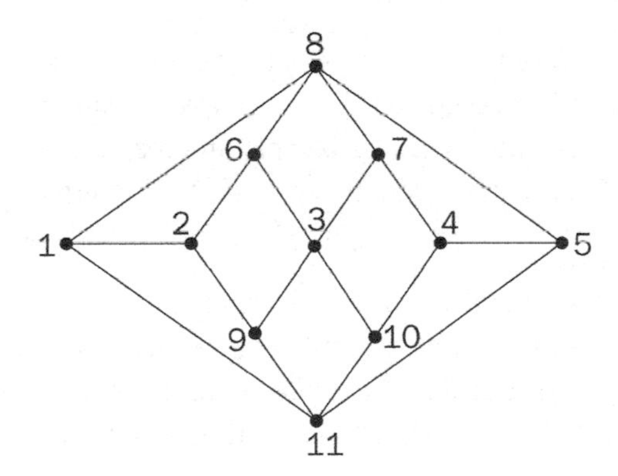

puedes borrar dos carreteras (sin especificar cuáles) de las que llegan a cada una de las ciudades 3, 8 y 11, donde confluyen cuatro, y una de las tres que llegan a 2 y 4. Borramos así ocho carreteras en total (como estas ciudades no tienen carreteras en común no hay riesgo de haber contado una dos veces). Pero esto nos dejaría con solo diez carreteras (nuestro mapa tiene dieciocho), y eso haría imposible completar el circuito de once carreteras necesarias para recorrer las once ciudades.

Más información

El desafío se puede enunciar como “buscar un circuito hamiltoniano en el grafo de Herschel”.

En matemáticas se llama *grafo* a una colección de puntos, los *nodos* o *vértices* del grafo —las ciudades, en el desafío—, unidos por líneas, que son las *aristas* del grafo —las carreteras, en nuestro caso—. Las aristas no tienen por qué ser rectas. Es más, no nos importa la forma que tengan dado que lo único importante de un grafo es qué pares de nodos está unidos por una arista y cuáles no. Por ejemplo, los vértices y aristas de un dodecaedro regular forman el grafo del primer ejemplo, llamado grafo del dodecaedro, sin importarnos que para verlo exactamente así haya que deformar el poliedro.

En un grafo se pueden buscar *circuitos hamiltonianos*, que son recorridos que empiezan en un nodo y viajan por las aristas —no tienen que recorrerlas todas— de manera que pasan exactamente una vez por cada uno de los restantes nodos hasta que vuelven a aquel en que se empezó —se llaman circuitos porque empiezan y acaban en el mismo nodo—. Reciben el nombre en honor de William Rowan Hamilton, un célebre matemático irlandés del siglo XIX que utilizó estos ciclos en el grafo del dodecaedro para estudiar las simetrías del icosaedro. Hamilton llegó a comercializar un juego de mesa, el *Juego Icosiano*, que trataba precisamente de buscar circuitos hamiltonianos, aunque él no los llamaba así.

El grafo del desafío se llama *grafo de Herschel* por Alexander Stewart Herschel, astrónomo británico que fue de los primeros en estudiar el *Juego Icosiano*. El grafo de Herschel corresponde al poliedro convexo más sencillo en el que el juego no tiene solución, es decir, en el que no existe un circuito hamiltoniano.

No hay que confundir el desafío planteado, que busca circuitos *hamiltonianos*, con el más famoso de los Puentes de Königsberg, en el que se busca un camino que pase por los vértices recorriendo todas y cada una de las aristas solo una vez, lo que se llama un camino —o un circuito, si se cierra— *euleriano*. Recuerda que nuestro lechero no necesitaba usar todas las carreteras.

En el caso de los Puentes de Königsberg, Leonhard Euler dio, en 1735, un criterio sencillo que caracteriza exactamente qué grafos admiten un camino euleriano. Estos grafos tienen que ser conexos —dos vértices cualesquiera pueden unirse por un camino que use quizás varias carreteras— y en todos los vértices, salvo quizás en dos, deben confluir un número par de aristas.

Por el contrario, no se conoce un criterio general que permita decidir fácilmente si un grafo cualquiera tiene o no un circuito hamiltoniano como el que pedimos en el desafío, aunque sí se conocen condiciones que nos dicen que ciertas clases de grafos admiten, o no, un circuito hamiltoniano. Por ejemplo, la técnica que hemos propuesto en la primera solución, que se llama *coloración de grafos*, permite, como veremos, demostrar algo más general.

Colorear un grafo es asignar un color a cada nodo de manera que si dos nodos están unidos por una arista tengan colores distintos. Esto se puede hacer pintando cada nodo de un color diferente, pero entonces necesitamos tantos colores como nodos. Lo interesante es hacerlo con el menor número posible de colores.

Si miras el grafo de Herschel verás que, aunque tiene once nodos, hemos conseguido colorearlo con solo dos colores. Se dice que el *número cromático* del grafo de Herschel es 2, o que el grafo de Herschel es *bipartito* –podemos partir sus nodos en dos grupos: los pintados de blanco y los pintados de negro–. Pero si intentas pintar los nodos del grafo del dodecaedro usando solo blanco y negro te verás forzado a que haya nodos unidos por una arista que tengan el mismo color. El grafo del dodecaedro no es bipartito. De hecho su número cromático es 3 y aquí tienes una manera válida de colorearlo usando blanco, negro y gris:

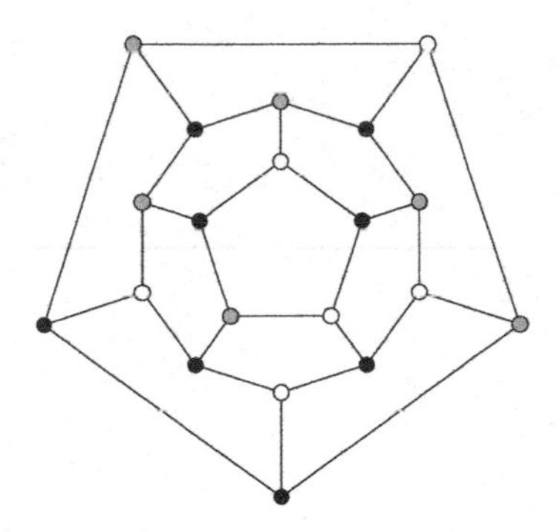

Aunque la segunda solución al desafío sea quizás más fácil, hemos presentado primero la basada en colorear el grafo porque es una técnica muy útil y de aplicación más amplia. Permite, por ejemplo, generalizar el desafío, ya que, exactamente igual, se puede demostrar el siguiente teorema: ningún grafo bipartito con un número impar de vértices tiene circuitos hamiltonianos.

Aunque encontrar el número cromático de un grafo es, en general, un problema difícil, colorear grafos tiene muchas aplicaciones, entre otras a la elaboración de horarios o al reconocimiento de patrones. Y, si lo piensas bien, un sudoku no es sino un grafo que tenemos que colorear usando nueve colores, que llamamos 1, 2,..., 9, pero podíamos llamar, blanco, negro, azul, rojo, etc.

Puedes encontrar más información sobre el uso práctico de los grafos y de otras muchas herramientas matemáticas en el libro *Las matemáticas en la vida cotidiana*, COMAP (Traducción de J. L. Doran y E. Hernández) Addison Wesley/Universidad Autónoma de Madrid (1998).

Capítulo 6
Aritmética

Un piano gigantesco

José Garay de Pablo

Este problema trata sobre las teclas de un piano. Pero lo primero que quiero decir es que no hace falta saber tocar el piano para resolverlo. Basta con conocer los nombres y disposición de sus teclas.

Por si acaso algún lector no las conoce, comienzo por dar una breve, y creo que suficiente, información sobre el asunto. Me ayudaré del esquema adjunto.

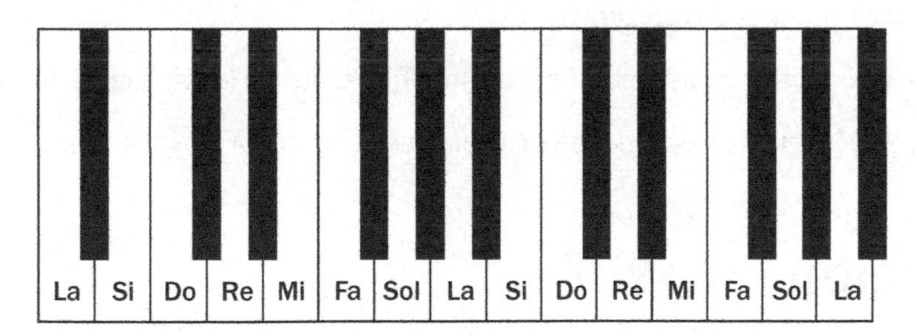

Vemos que hay dos tipos de teclas, unas blancas que van todas seguidas y otras negras que se agrupan sucesivamente en pares y ternas. Aunque nuestro problema va a tratar solo de las teclas blancas, las negras nos van a venir bien para conocer el nombre de las blancas.

Cada tecla tiene un nombre y un apellido. Los nombres son solamente siete: Do, Re, Mi, Fa, Sol, La y Si. Estos siete nombres se repiten periódicamente a lo largo del teclado formando las diversas octavas. El apellido indica en qué octava se encuentra la tecla.

Pero, ¿qué tienen en común dos teclas que tienen la misma denominación, o dicho de otra manera, dos teclas con el mismo nombre y distinto apellido?, se preguntará sin duda algún lector. Si dispone de cualquier instrumento, no necesariamente un piano, que tenga un teclado, podrá ver la respuesta. Si pulsa dos teclas con nombres distintos escuchará dos notas claramente distintas, pero si pulsa dos teclas con el mismo nombre oirá una única nota como fusión de las dos.

En términos físicos ocurre sencillamente que el cociente de las frecuencias del sonido producido por ambas teclas es una potencia de 2.

Ahora ya podemos plantear el problema. Comenzamos por pulsar el primer Do que encontramos por la izquierda. A continuación, pulsamos la nota contigua a su derecha que sabemos es un Re. Pero en el paso siguiente saltamos una tecla (Mi) y tocamos la que sigue (Fa). A continuación saltamos dos teclas (Sol, La) y tocamos el Si. Continuamos así el proceso, saltando cada vez una tecla más que la vez anterior.

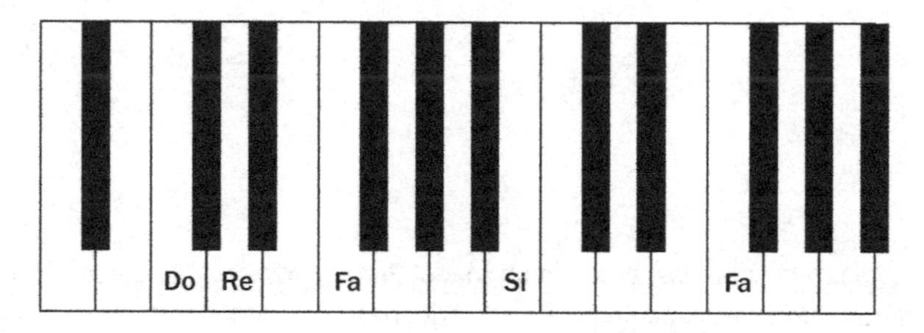

Con un piano real, este proceso se termina con pocas pulsaciones ya que se nos terminan las teclas. Pero imaginemos que nuestro piano tiene un número enorme de teclas de forma que podamos repetir el proceso hasta pulsar 7000 teclas.

Nos hacemos entonces dos preguntas:

¿Cuántas veces pulsamos una tecla Do? Sabemos que al menos la primera era un Do.

Entre las 7000 teclas tocadas ¿hay alguna nota que no aparezca ninguna vez?

Solución

Vamos a convertir este problema musical en un problema matemático asignando a cada tecla un número, de manera que las dos cuestiones planteadas se puedan resolver mediante técnicas matemáticas.

Ante las varias posibilidades de numeración de las teclas proponemos la indicada en la figura, ya que con ella todas las teclas asignadas a la nota Do son precisamente los múltiplos de 7, que indicaremos como es habitual con $\dot{7}$.

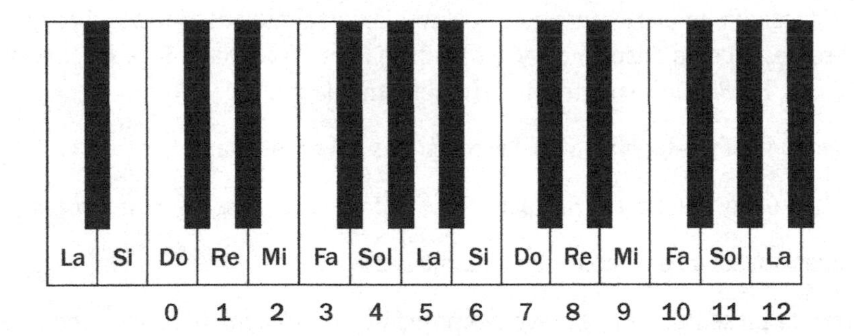

Como el número 7 es tan importante en el problema, podemos comenzar por ver directamente cuáles son las siete primeras notas que aparecen. Son las correspondientes a los números 0, 1, 3, 6, 10, 15 y 21, números que corresponden a las notas Do, Re, Fa, Si, Fa, Re y Do.

Podríamos ahora continuar la resolución del problema por reiteración, o bien encargar esta tarea a algún programa informático, pero ninguno de los dos métodos es muy matemático. Lo que queremos presentar aquí es un sencillo razonamiento que nos lleve de forma rápida a la solución buscada.

Empezamos por observar que los siete primeros números antes citados, que corresponden a las siete primeras teclas pulsadas, se pueden expresar como las siguientes sumas:

$$
\begin{aligned}
0 &= 0 \\
1 &= 1 \\
3 &= 1 + 2 \\
6 &= 1 + 2 + 3 \\
10 &= 1 + 2 + 3 + 4 \\
15 &= 1 + 2 + 3 + 4 + 5 \\
21 &= 1 + 2 + 3 + 4 + 5 + 6
\end{aligned}
$$

En general vemos que, para $n > 0$, la tecla numerada con

$s(n) = 1 + 2 + 3 + ... + n$

es la pulsada la vez $n + 1$.

Si después de las siete primeras notas encontradas anteriormente, calculamos directamente las dos o tres siguientes, nos encontramos con que vuelve a comenzar la misma secuencia Do, Re, Fa etc., lo que nos hace pensar que "parece ser" que los ciclos se van a repetir cada siete notas. Pero en Matemáticas no es suficiente decir que *"algo parece ser"*. Es necesario probar que *"algo es"*. Y esto lo vamos a lograr comparando los números $s(n)$ y $s(n + 7)$ para cualquier valor de n.

$$
\begin{aligned}
s(n + 7) &= 1 + 2 + 3 + ... + n + (n + 1) + ... + (n + 7) = \\
&= s(n) + (n + 1) + ... + (n + 7) = s(n) + 7n + 28 = s(n) + \dot{7}.
\end{aligned}
$$

Como $\dot{7}$ representa un cierto número de octavas, la igualdad anterior nos dice que $s(n)$ y $s(n+7)$ representan la misma nota y nos confirma que efectivamente la secuencia inicial Do, Re, Fa, Si, Fa, Re, Do se repite ininterrumpidamente mil veces.

Así que ya podemos responder a las dos preguntas del problema.

1. El Do, al igual que el Re y el Fa, aparece dos mil veces. El Si se repite mil veces.

2. Las notas Mi, Sol y La no aparecen ninguna vez.

Para terminar presentamos una breve composición en Do Mayor, para que pueda ser interpretada con solo las teclas blancas del piano, en la cual se separan en distintos compases los dos grupos de notas que determina el problema: Do, Re, Fa, Si por un lado y Mi, Sol, La por otro.

Una cuestión de ceros y unos

Jesús Gago Vargas

Para los primeros números naturales podemos encontrar siempre un múltiplo que solamente contiene ceros y unos. Por ejemplo,

10 es múltiplo de 1,	$10 = 1 \times 10$,
10 es múltiplo de 2,	$10 = 2 \times 5$,
111 es múltiplo de 3,	$111 = 3 \times 37$,
100 es múltiplo de 4,	$100 = 4 \times 25$,
10 es múltiplo de 5,	$10 = 5 \times 2$,
1110 es múltiplo de 6,	$1110 = 6 \times 185$,
1001 es múltiplo de 7,	$1001 = 7 \times 143$,
1000 es múltiplo de 8,	$1000 = 8 \times 125$,
111111111 es múltiplo de 9,	$111111111 = 9 \times 12345679$.

El desafío que se plantea es probar que cualquier número N tiene un múltiplo de este tipo, formado por ceros y unos.

Solución

Primera solución

Se obtiene aplicando el conocido como *principio del palomar*: si hay más palomas que nidos, entonces algún nido tiene que contener al menos dos palomas.

Dado un número N, si dividimos cualquier otro número entre él, podremos obtener los restos 0, 1, 2,... $N - 1$ que son N restos diferentes. Estos restos van a jugar el papel de nidos, y hay N. Consideremos los números 1, 11, 111, ... hasta el formado por $N + 1$ dígitos. Está claro que tenemos $N + 1$ números, que serán las palomas. Si dividimos cada uno de estos números entre N, obtenemos un conjunto de restos. Lo que es seguro es que al final tiene que haber dos números, al menos, que tienen el mismo resto tras dividirlos entre N. Ahora simplemente restamos al mayor el menor. Dicha diferencia es un número formado por unos y ceros, y cuyo resto al dividirlo por N es cero; es decir, es un múltiplo de N.

Segunda solución

Usa también el principio del palomar, y los restos de la división por N. Consideramos los números

$$1, 10, 100, 1000, ..., 10^{(N-1)}$$

es decir, las sucesivas potencias de 10. Calculamos el resto de dividir cada uno de estos números entre N. Si alguno de ellos es cero, entonces es que la potencia de 10 correspondiente es múltiplo de N y hemos acabado. En otro caso, hay N restos sobre un total de $N - 1$ posibles (recordemos que hemos eliminado el caso con resto cero), por lo que dos de ellos deben coincidir. Con un poco de notación, existen dos números a y $a + h$ tales que

$$10^a \equiv r \text{ mód } N,\ 10^{a+h} \equiv r \text{ mód } N \text{ con } 1 \leq r \leq N - 1$$

La notación $u \equiv s$ mód N significa que al dividir el número u entre N obtenemos el resto s. Por tanto,

$$10^{a+h} \equiv r \text{ mód } N,\ 10^{a+2h} \equiv r \text{ mód } N,\ ...,\ 10^{a+mh} \equiv r \text{ mód } N,$$

para cualquier número m mayor o igual que 1. Entonces

$$10^{a} + 10^{a+h} + 10^{a+2h} + ... + 10^{a+(N-1)h} \equiv r + r + r + ...r \equiv Nr \equiv 0 \text{ mód } N.$$

Esto significa que el número de la izquierda, que está formado por ceros y unos, es múltiplo de N.

Tercera solución

Una demostración muy sencilla se basa en considerar el desarrollo decimal de la fracción $1/(9N)$.

El desarrollo decimal de una fracción es finito o periódico y a partir de él se puede obtener una fracción equivalente con denominador de la forma 10^k (en el caso finito) o de la forma 9...90...0 (en el caso periódico). Si se quiere repasar cómo se hace, se puede ver en

http://gaussianos.com/expresar-un-numero-decimal-en-forma-de-fraccion/

Si $1/(9N)$ tuviese un desarrollo finito, sería $\frac{1}{(9N)} = \frac{m}{10^k}$, de donde $10^k = 9mN$,

y 9 dividiría a una potencia de 10, lo que no puede ser (es decir, llegaríamos a una contradicción). Por tanto, tiene que ser $1/(9N) = m$ / 9...90...0, de donde 9...90...0 = $9mN$, y dividiendo entre 9 ambos miembros nos da 1...10...0 = mN, que es el resultado pedido.

Más información

Una versión de este problema apareció en la fase nacional de la Olimpiada Matemática Española del año 1993.

Una extensión del problema, apuntada por Peter Winkler en su libro *Mathematical Puzzles. A Connoiseur*, es que si N no es múltiplo ni de 2 ni de 5, entonces se puede encontrar un múltiplo de N que está formado solamente por unos.

Los números elegantes

Raúl Ibáñez Torres[4]

La elegancia de un número se define en función del comportamiento de una sucesión de números obtenida a partir de él mediante un proceso iterativo. Este proceso consiste en la suma de los cuadrados de sus cifras.

Así, un número será *elegante* si al sumar los cuadrados de sus cifras, repetir esta misma operación sobre el resultado obtenido, e iterar este proceso suficientes veces, la sucesión de números resultante alcanza en algún momento el 1.

Por ejemplo, el número 9100 es elegante, ya que al sumar los cuadrados de sus cifras se obtiene el número 82,

$$9^2 + 1^2 + 0^2 + 0^2 = 82.$$

Siguiendo el proceso, el siguiente número de la sucesión es el 68,

$$8^2 + 2^2 = 68.$$

Iterando una vez más, obtenemos el número 100,

$$6^2 + 8^2 = 100.$$

Y, por último,

$$1^2 + 0^2 + 0^2 = 1.$$

En consecuencia, el número 9100 es un número elegante. Más aún, también lo son los números que hemos ido encontrando en el proceso, 68, 82 y 100.

El desafío consiste en encontrar infinitas parejas de números elegantes consecutivos.

---

[4] Mi agradecimiento a Santiago Fernández por sugerirme este desafío.

Solución

Este es un desafío sencillo y divertido, que para ser resuelto no necesita de la aplicación de ninguna técnica matemática especial, simplemente es necesario ponerse a la tarea y estar dispuestos a jugar un poco. Veamos cómo puede hacerse.

Para empezar, es trivial la obtención de una familia infinita de números elegantes, puesto que al añadir ceros a cualquier número elegante se genera una familia infinita de números que también lo son. El número elegante más sencillo es el 1, por lo tanto, también lo es el 10 y todas sus potencias, 100, 1000, 10000, etc.

Otra de las características a tener en cuenta en la resolución de este problema es que cada número elegante es una puerta para conseguir más de estos números. Para ello habrá que buscar números tales que la suma de los cuadrados de sus cifras nos den el número elegante del que partimos.

Así, como el 10 es un número elegante, cualquier número cuya suma de los cuadrados de sus cifras sea 10 también será un número dotado de elegancia. Como 1 y 3 satisfacen esta propiedad ($1^2 + 3^2 = 1 + 9 = 10$), entonces los números 13 y 31 son números elegantes. Observamos así otra de las propiedades de los números elegantes: cualquier reordenación de las cifras de un número elegante, también lo es. Volviendo a las formas de obtener 10 como suma de cuadrados, descubrimos la elegancia de los siguientes números: 1122, 1212, 1221, 2121, 2112, 2211 (el 10 como suma de los números cuadrados 1 y 4, tomados dos veces cada uno) y 1111111111 (el 10 como suma de unos).

Para conseguir más números elegantes podemos volver a realizar la misma operación con los números 13 y 31, aunque no hay que perder de vista nuestro objetivo de conseguir parejas de números elegantes consecutivos. Si las cifras 1 y 3 nos valían para el 10, otras dos cifras pequeñas, como son el 2 y el 3, nos valen para el 13, es decir, $2^2 + 3^2 = 4 + 9 = 13$. De esta manera, obtenemos otros dos números con esta estilosa propiedad, como son el 23 y el 32 y, sobre todo, descubrimos la primera pareja de números elegantes consecutivos, 31 y 32.

Esta pareja se convierte en la piedra angular para descubrir una familia infinita de números elegantes consecutivos. Bastará insertar ceros en ambos números, ya que esta operación mantiene la elegancia de las parejas de números y que estos sean consecutivos:

31-32, 301-302, 3001-3002, 30001-30002, etc.

A partir de la pareja inicial 31-32, podemos conseguir otra pareja de números elegantes consecutivos, 111...1110 (31 unos) y 111...111 (32 unos), y por lo tanto, sin más que introducir ceros como en el caso anterior, generar de nuevo una familia infinita de números elegantes consecutivos:

111...1110-111...111, 111...11100-111...1101, 111...111000-111...11001, 111...1110000-111...110001, etc.

Una última forma sencilla de construir una pareja de números elegantes consecutivos, y por lo tanto también una familia infinita, es la siguiente. Si nos hemos percatado de la elegancia del número 7, como el 10 también la tiene, entonces podemos generar los números elegantes consecutivos, 1111111 y 1111112, la clave está en que los números 7 y 10 se diferencian en 3, una unidad menos que un número cuadrado, el 4. Lo mismo ocurre, por ejemplo, con el 10 y el 13.

Más información

Los números elegantes son normalmente conocidos en la literatura matemática como *números felices* o también *números amistosos*, aunque esta expresión está en desuso, mientras que a aquellos que no lo son se les llama *números infelices* o *tristes*.

El origen de estos números es incierto. En una de las referencias clásicas sobre números felices, el libro de Richard Guy *Unsolved problems in Number Theory* (Springer-Verlag, 1994), se menciona que llamaron la atención del matemático inglés Reg Allenby, cuando su hija le mostró que se los habían enseñado en la escuela. Aunque parece ser que tienen su origen en Rusia.

Como se ha establecido en la definición, para saber si un número dado es elegante, o feliz, hay que estudiar el comportamiento de la sucesión de números obtenida mediante el proceso iterativo de calcular la suma de los cuadrados de las cifras de ese número. Al enfrentarnos por primera vez a este concepto parece razonable estudiar el comportamiento de las sucesiones asociadas a los primeros números naturales. Veámoslo:

La sucesión para el 2 es: 2, 4, 16, 37, 58, 89, 145, 42, 20, 4, y a partir de aquí es cíclica (se repite infinitamente el "bucle del 4"), por eso el número 2 no es un número feliz, y de hecho, el 4 tampoco.

Para el 3 es: 3, 9, 81, 65, 61, 37, número que se mete directamente en el bucle del 4, luego se deduce la tristeza del 3 y el 9.

Para el 5: 5, 25, 29, 85, 89, y se sigue en el bucle del 4, obteniéndose por lo tanto otro número infeliz.

Para el 6: 6, 36, 45, 41, 9, y sigue como en la sucesión del 3, descubriendo así la infelicidad del 6, y que, de nuevo, la sucesión asociada acaba llegando al bucle del 4.

Para el 7: 7, 49, 97, 130, 10, 1, y se para en 1, luego el 7 es feliz.

Para el 8: 8, 64, 52, 29, y sigue en el bucle del 4, lo que nos dice que el 8 es un número triste.

Con esta pequeña muestra ya podemos darnos cuenta de que la sucesión generada por la suma de los cuadrados de las cifras solamente va a tener, como puede demostrarse, dos comportamientos posibles, o se termina en el 1 (que es lo que ocurre para los números elegantes o felices) o acaba entrando en el "bucle del 4", 4-16-37-58-89-145-42-20-4, (para los números infelices). Por cierto, que de paso tenemos que los números 16, 37, 58, 89, 145, 42 y 20 son números infelices.

No es muy difícil de comprobar, a mano o con un ordenador, que los 100 primeros números elegantes son:

1, 7, 10, 13, 19, 23, 28, 31, 32, 44, 49, 68, 70, 79, 82, 86, 91, 94, 97, 100, 103, 109, 129, 130, 133, 139, 167, 176, 188, 190, 192, 193, 203, 208, 219, 226, 230, 236, 239, 262, 263, 280, 291, 293, 301, 302, 310, 313, 319, 320, 326, 329, 331, 338, 356, 362, 365, 367, 368, 376, 379, 383, 386, 391, 392, 397, 404, 409, 440, 446, 464, 469, 478, 487, 490, 496, 536, 556, 563, 565, 566, 608, 617, 622, 623, 632, 635, 637, 638, 644, 649, 653, 655, 656, 665, 671, 673, 680, 683, 694.

O también que las parejas de números elegantes consecutivos menores de 1000 son:

31-32, 129-130, 192-193, 301-302, 319-320, 367-368, 391-392, 565-566, 622-623, 637-638, 655-656, 912-913, 931-932.

Richard Guy, en su libro *Unsolved problems in Number Theory*, ya planteó varios problemas sobre los números felices, como cuántos números consecutivos podían obtenerse. Por ejemplo, 1880, 1881, 1882 es el primer ejemplo de tres números felices consecutivos, 7839, 7840, 7841, 7842 de cuatro y 44 488, 44 489, 44 490, 44 491, 44 492 de cinco. Pero, ¿hasta cuántos se podrán obtener? E. El-Sedy y S. Siksek, en su artículo *On happy numbers* (Rocky Mountain J. Math. 30, 2000, 565-570) demostraron que existen familias de números elegantes consecutivos tan largas como se desee.

Si nos fijamos en la densidad de los números felices dentro de los números naturales observamos que entre los 1000 primeros números hay un 14,3 % de números felices, entre los 10 000 primeros un 14,42 % y un 14,38 % entre los primeros 100 000. Richard Guy conjeturó que la densidad era de un (100/7) %. Sin embargo, recientes investigaciones (J. Gilmer, *On the density of happy numbers*, 2011; D. Moews, *The density of happy numbers*, 2011) han demostrado que no existe una densidad "asintótica", sino que existen densidades "asintóticas" superiores e inferiores.

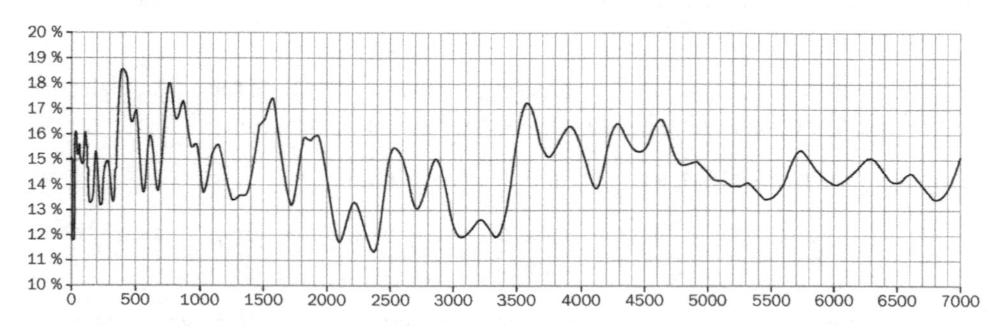

Densidad de los números felices menores que las potencias de 10, desde 10^0 hasta 10^{7000} (http://www.shaunspiller.com/happynumbers/).

Otros temas que planteó Richard Guy, y que están siendo investigados activamente en la actualidad, son el estudio de las alturas de los números felices –es decir, cuántos números hay en la sucesión asociada a un tal número antes de alcanzar el 1–, las generalizaciones para potencias mayores que 2 o para bases distintas a 10. Así mismo, existen otros muchos temas de interés relacionados con esta familia, como por ejemplo, los números primos felices o las ternas pitagóricas de números felices.

Para finalizar mencionaremos que en la *biblioteca on-line de sucesiones de números enteros*[6], desarrollada por el matemático norteamericano Neil J. A. Sloane, la sucesión de los números felices está catalogada con el número A007770, y la de los números infelices A031177.

---

[6] oeis.org.

Unas medias enteras

Pedro Carrión Rodríguez de Guzmán

La media aritmética de dos números se define como

$$A(a,b) = \frac{a+b}{2}.$$

Por ejemplo, $A(3,7) = 5$.

La media geométrica de dos números se define como

$$G(a,b) = \sqrt{a \cdot b}\ .$$

Por ejemplo, $G(3,7) = \sqrt{21} \approx 4{,}5826$.

Por último, la media armónica de dos números se define como

$$H(a,b) = \frac{2}{(1/a) + (1/b)} = \frac{2ab}{a+b}.$$

Por ejemplo, $H(3,7) = \frac{42}{10} = 4{,}2$.

Podemos observar que no siempre la media aritmética, geométrica o armónica de números enteros es un número entero.

El desafío consiste en encontrar el menor primo p mayor que 100 para el que existe otro número entero distinto q, este no necesariamente primo, de manera que las medias aritmética, geométrica y armónica de p y q sean números naturales.

Solución

Antes de empezar a resolver el desafío vamos a recordar dos hechos sobre divisibilidad que se usarán posteriormente.

El primero es que si p es un número primo y p divide al producto $m \cdot n$, necesariamente p divide a uno de los dos números.

El segundo hecho es que si m y n son dos números primos entre sí, es decir, sin un primo que divida a ambos, entonces si m divide a $n \cdot r$ necesariamente m divide a r.

Comencemos con la solución:

Si el entero G es la media geométrica de p y q se tiene que $G^2 = p \cdot q$ por lo que p divide a G^2, lo que implica que p divide a G. Por tanto, podemos escribir $G = p \cdot y$. Tenemos, pues, que

$$G^2 = p \cdot q \Rightarrow (p \cdot y)^2 = p \cdot q \Rightarrow p^2 \cdot y^2 = p \cdot q \Rightarrow q = p \cdot y^2.$$

Si A es la media aritmética de p y q, tenemos que

$$A = \frac{p+q}{2} \Rightarrow p + q = 2A \Rightarrow p + p \cdot y^2 = 2A \Rightarrow p \cdot (1 + y^2) = 2A.$$

Como $2A$ es par y p es impar (pues es un primo mayor que 100), concluimos que $1 + y^2$ es par.

Por último, si H es la media armónica de p y q tenemos que

$$H = \frac{2pq}{p+q} \Rightarrow H \cdot (p + q) = 2pq \Rightarrow H \cdot (p + py^2) = 2p \cdot py^2 \Rightarrow$$
$$\Rightarrow H \cdot p \cdot (1 + y^2) = 2p^2y^2 \Rightarrow H \cdot (1 + y^2) = 2py^2.$$

Tenemos, pues, que $1 + y^2$ divide a $2py^2$; por otra parte $1 + y^2$ e y^2 son números consecutivos, luego son primos entre sí. Podemos concluir entonces que $1 + y^2$ divide a $2p$.

Recordemos que $1 + y^2$ es par, por lo que si $1 + y^2$ divide a $2p$, obtenemos que $\frac{1+y^2}{2}$ es divisor de p.

Pero p es primo, por lo que solo tiene dos divisores: 1 y p.

Como $\frac{1+y^2}{2}$ no puede ser 1 porque ello nos llevaría a que $y = 1$ y, por tanto, a que $p = q$, algo imposible pues exigimos que p y q fuesen distintos, necesariamente $\frac{1+y^2}{2} = p$. Si encontramos el menor y impar que haga que $\frac{1+y^2}{2}$ sea primo mayor que 100, tendremos resuelto el problema. Ello se obtiene para $y = 15$ con lo que $p = 113$ y $q = 25\,425$.

Más información

Hay que señalar que el uso de la fuerza bruta para hallar p y q no garantiza que p sea ese mínimo. No se puede, por ejemplo, desechar el primo 101 tras probar valores de q menores, por ejemplo, que 100 000, pues esto no garantiza que 101 fuese el mínimo para un valor de q digamos superior a los mil trillones.

Puedes plantearte otros problemas parecidos a este. Por ejemplo, encontrar dos números enteros distintos tales que sus medias aritmética, geométrica y armónica sean enteras. ¿Cuál es la solución mínima?

Un mensaje cifrado

Adolfo Quirós Gracián

Queremos transmitir un mensaje secreto. Para eso vamos a transformar nuestro texto, que está escrito en el alfabeto castellano de 27 letras, de la A a la Z (incluyendo la Ñ y la W), en otro texto que se escribe usando solo nueve símbolos: los números del 1 al 9. Veamos el procedimiento, que ilustraremos con dos ejemplos.

En primer lugar, numeraremos las letras por orden del 0 al 26, A = 0, B = 1, C = 2, D = 3,..., N = 13, Ñ = 14,..., W = 23, X = 24, Y = 25, Z = 26. Por ejemplo:

HOLA → 7,15,11,0

PEDRO → 16,4,3,18,15

A continuación escribiremos cada uno de esos números como un número de tres cifras en base 3. Recordemos lo que esto quiere decir.

Escribimos los números normalmente en base 10, usando unidades ($1 = 10^0$), decenas ($10 = 10^1$), centenas ($100 = 10^2$), etc. Así, 3418 representa el número $3 \times 10^3 + 4 \times 10^2 + 1 \times 10 + 8$.

Para escribir en base 3 usaremos potencias de 3, y solo necesitaremos las cifras 0, 1 y 2. Por ejemplo, la expresión 212 en base 3 representa la cantidad $2 \times 3^2 + 1 \times 3 + 2$, que en base 10 se escribiría como 23.

Nuestras letras quedarán entonces representadas por A = 000, B = 001, C = 002, D = 010, ..., N = 111, Ñ = 112,..., W = 212, X = 220, Y = 221, Z = 222.

Siguiendo con nuestros ejemplos, la nueva base los transformará de la siguiente manera:

HOLA → 7,15,11,0 → 021120102000

PEDRO → 16,4,3,18,15 → 121011010200120

Observa que hemos escrito tres cifras por cada número —no hemos quitado los ceros a la izquierda—, todas seguidas, sin las comas que los separaban antes.

Ahora viene la parte "secreta". Haciendo algo que no te vamos a decir, porque descubrirlo es precisamente el desafío, transformaremos finalmente nuestros textos en otros escritos usando solo los números del 1 al 9. En los ejemplos, la transformación final quedaría así:

HOLA → 7,15,11,0 → 021120102000 → 357471

PEDRO → 16,4,3,18,15 → 121011010200120 → 64523161

El desafío consiste en leer el siguiente mensaje, cifrado utilizando el procedimiento descrito, incluida la parte secreta:

4717541332541333731322627715417941237152152277 1

Observaciones:

- En el texto original no se utilizan signos de puntuación, acentos, ni siquiera los espacios entre palabras, que serían otro símbolo.
- Una buena idea es ir probando los procedimientos que se te ocurran en los dos ejemplos.
- Estrictamente hablando, el procedimiento es ligeramente distinto si el texto original tiene un número par o impar de letras, pero la diferencia no influye en nada en cómo leer los mensajes, es una cuestión puramente técnica que resultará evidente a posteriori.

Solución

La clave para descifrar el mensaje es pensar cómo podemos llegar a 9 símbolos (los números del 1 al 9) a partir de algo que utiliza los símbolos 0, 1 y 2, los que utilizamos para escribir en base 3. Resulta que, si en lugar de números de tres cifras en base 3 consideramos números de dos cifras en base 3, obtenemos los números del 0 (00 en base 3) al 8 (22 en base 3). Esto no es exactamente lo que tenemos, pero casi: habría que sumar 1 para tener los números del 1 al 9.

Así que quizás lo que se haya hecho haya sido agrupar las cifras en base 3 de dos en dos, escribir el correspondiente número en base 10 y sumar 1. Veamos si esto funciona en nuestros ejemplos. Observa que, en el caso de PEDRO, para agrupar de dos en dos nos falta una cifra, por lo que añadimos un 0 al final (esta es la pequeña diferencia técnica entre número par o impar de letras que mencionamos en las observaciones):

HOLA → 7,15,11,0 → 021120102000 → 02 11 20 10 20 00 → 246360 → 357471

PEDRO → 16,4,3,18,15 → 121011010200120 → 12 10 11 01 02 00 12 00 → 53412050 → 64523161

¡Funciona! Esto podría ser casualidad, pero no es probable, así que lo aplicaremos a nuestro desafío para ver qué obtenemos (no escribiremos explícitamente el paso de "restar 1" ni el de volver a agrupar los dígitos en base 3 que estaban separados de dos en dos):

471754133254133373132262771541794123715215227771 →

10 20 00 20 11 10 00 02 02 01 11 10 00 02 02 02 20 02 00 02 01 01 12 01 20 20 00 11 10 00 20 22 10 00 01 02 20 00 11 01 00 11 01 01 20 20 0 →

11,0,19,12,0,20,4,12,0,20,8,2,0,19,4,19,20,0,13,0,20,21,0,11,18,4,3,4,3,15,18 → LASMATEMATICASESTANATUALREDEDOR

Y, efectivamente, *Las Matemáticas están a tu alrededor* es el mensaje que queríamos transmitir.

Más información

El procedimiento que hemos utilizado no sorprenderá a los informáticos, dado que es análogo al que permite transformar números escritos en binario (base 2) a hexadecimal (base 16) y viceversa.

Considerando alfabetos adecuados, nuestro procedimiento de cifrado se puede ver como una sustitución monoalfabética en la que se ha cambiado una "letra" (en un alfabeto) "por otra" (en un alfabeto distinto). Si te fijas, hemos sustituido cada par de letras del mensaje original, el texto en claro, por un trío de cifras entre el 1 y el 9. Podemos entonces pensar que el texto en claro estaba escrito en un alfabeto en el que los símbolos son "pares de letras", mientras que los símbolos del alfabeto usado en el mensaje cifrado son "tríos de cifras". Son dos alfabetos con 729 "letras" cada uno.

La criptografía es un arte muy antiguo, que se ha ido convirtiendo con el tiempo en una ciencia. Se han encontrado tablillas de arcilla mesopotámicas, de alrededor del año 1500 a. C., con información cifrada. Por ejemplo, con la técnica con la que cierto alfarero vidriaba la cerámica (información con claro valor comercial).

La primera noticia escrita sobre estrategias para ocultar información (con métodos que estrictamente hablando corresponden a la esteganografía y no a la criptografía) nos la proporciona Heródoto de Halicarnaso en *Los nueve libros de historia*. Por esta obra, escrita alrededor del 444 a. C, se considera a Heródoto el padre de la historiografía. En ella nos cuenta:

- Que Demaratos informó a los griegos de la intención del rey persa Jerjes de atacarles grabando un mensaje en una tablilla de madera, y recubriéndola luego con cera sobre la que escribió un texto intranscendente para distraer la atención del mensaje importante (escribir en tablillas de cera era un modo habitual de comunicación).

- Que, para avisar a Aristágoras de que los hombres de Mileto debían organizar una revuelta contra los persas, Histiaos afeitó la cabeza de un esclavo fiel y le grabó un mensaje en el cuero cabelludo. Dejó que le creciese de nuevo el pelo y lo puso de camino a Mileto, indicándole simplemente que al llegar pidiese a Aristágoras que le afeitase la cabeza.

- Que Harpagos, queriendo hacer llegar un mensaje a Ciro, le envió como regalo una liebre. Pero antes abrió la piel de la liebre sin romperla, introdujo bajo ella el mensaje y cosió la piel ocultando así que con la liebre viajaba la información.

El primer criptosistema definido por una sustitución monoalfabética como la del desafío usaba el alfabeto latino como alfabeto, tanto para los mensajes en claro como para los cifrados: es el llamado todavía hoy criptosistema de César porque, según nos cuenta Suetonio en *Las vidas de los doce Césares* (Libro I, párrafo LVI), es el que usaba Julio César para sus negocios secretos.

La criptografía avanzó mucho a lo largo de los siglos, hasta llegar a sistemas poderosísimos, como por ejemplo la máquina alemana Enigma, que aparece en películas como *U-571* o la propia *Enigma*. La segunda recoge el esfuerzo inglés por romper las claves alemanas, esfuerzo en el que participaron numerosos matemáticos, entre ellos Alan Turing, el padre de la informática como hoy la conocemos, de cuyo nacimiento se cumplieron cien años el 23 de junio de 2012, fecha en la que comenzó la celebración del "Año Turing".

Lo que nos relataba Heródoto, el sistema de César o la máquina Enigma, se utilizaron en entornos de guerra o de espionaje que involucraban un número limitado de personas, que además constituían círculos cerrados. Pero con la llegada del correo electrónico y de las compras por internet, prácticamente todo el mundo se enfrenta a la necesidad de establecer comunicaciones seguras. En esta vuelta a los orígenes —recordemos que las tablillas mesopotámicas surgieron gracias a intereses comerciales— entra en acción el gran desarrollo del siglo XX en este campo: la criptografía de clave pública, con criptosistemas como RSA o los basados en curvas elípticas.

RSA, el más popular de estos criptosistemas de clave pública, basa su seguridad en que es fácil —por supuesto con ayuda de un ordenador— encontrar dos números primos p y q de 300 cifras cada uno. Pero si alguien los multiplica y nos da el producto, llamémoslo n, seremos incapaces, por mucho tiempo que dediquemos, de encontrar los dos factores de n. Quien desee saber más sobre RSA puede empezar por el artículo de Números primos y criptografía, en *Bol. Soc. Esp. Mat. Apl.* no 17 (2001), 13–21 (disponible en http://www.sema.org.es/ojs/index.php?journal=sema&page=issue&op=view&path[]=30).

Si alguien quiere ir más allá y adentrarse en la criptografía basada en curvas elípticas, puede leer el artículo de J. L. Gómez Pardo, Criptografía y curvas elípticas, en *La Gaceta de la RSME*, Vol. 5.3 (2002), 737–777 (disponible en http://www.rsme.es/gacetadigital/abrir.php?id=129&zw=191026).

Capítulo 7
Recubrimientos

Cómo rellenar con piezas un tablero

Rubén Blasco García y María López Valdés

Tenemos un tablero de $9 \times 9 = 81$ casillas y queremos cubrirlo usando piezas como esta:

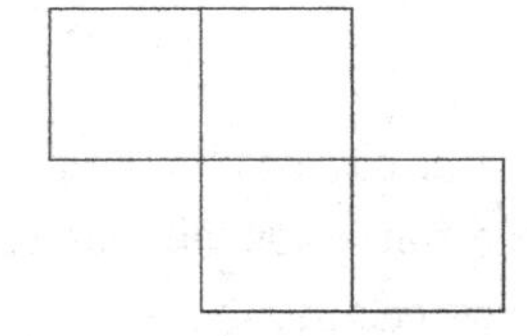

El objetivo es que, al rellenarlo con estas piezas, quede el menor número posible de casillas vacías en el tablero. Para ello dividimos el desafío en dos:

1. Prueba primero que no es posible cubrirlo dejando una única casilla libre.

2. Encuentra cuál es el menor número de casillas libres que pueden quedar en el tablero.

Nota: Cada cuadrado de la pieza coincide exactamente con una casilla del tablero y las piezas no pueden superponerse. Las piezas son reversibles.

Solución

1. Pintando el tablero de dos colores (blanco y negro), de forma que cada columna tenga un color distinto al de las columnas que están a su lado, obtendríamos $5 \times 9 = 45$ casillas blancas y $4 \times 9 = 36$ casillas negras.

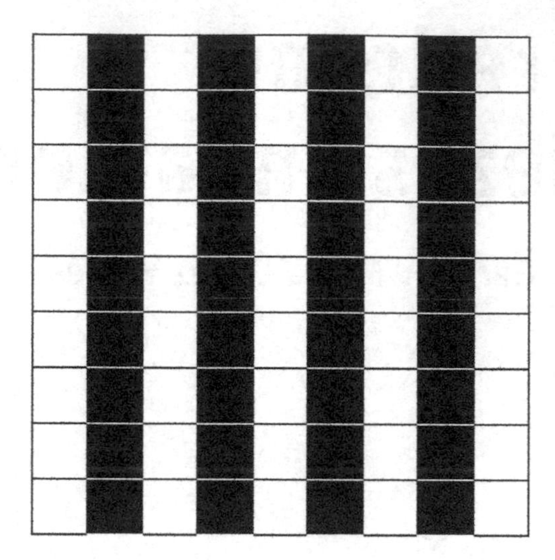

Ahora bien, por la forma de las piezas se tiene que cada pieza ocupa dos casillas blancas y dos casillas negras. Por tanto, al cubrir el tablero tendremos tapadas el mismo número de casillas de cada color. Como hay 36 casillas negras, como máximo podrían estar ocupadas 36 casillas blancas.

Por consiguiente, se podrían recubrir 72 casillas como máximo. Como para cubrir todo el tablero menos una casilla necesitaríamos rellenar $81 - 1 = 80$ casillas, no es posible recubrir todo el tablero menos una casilla.

2. Para la segunda parte del desafío, utilizaremos la siguiente coloración del tablero:

Esta vez utilizamos cuatro colores (blanco, gris claro, gris oscuro y negro) de modo que en las filas impares usemos dos de ellos (blanco y gris oscuro), de forma alterna. Las filas pares las coloreamos de forma análoga pero con los otros dos colores (negro y gris claro).

De este modo, en el tablero hay $5 \times 5 = 25$ casillas blancas, $5 \times 4 = 20$ casillas gris oscuro, $4 \times 5 = 20$ casillas negras y $4 \times 4 = 16$ casillas gris claro.

Dada su forma, cuando coloquemos una pieza ocupará una casilla de cada color. Como solo tenemos 16 casillas gris claro, como máximo podremos usar 16 piezas.

Es fácil encontrar una solución usando 16 piezas, como por ejemplo:

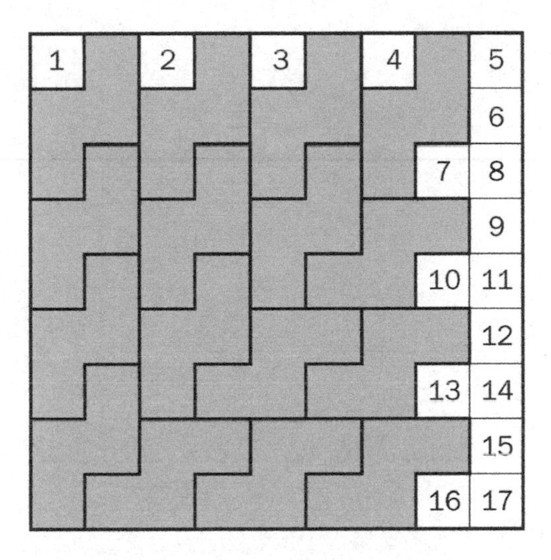

Así, al colocar 16 piezas de cuatro casillas cada una, tenemos ocupadas $4 \times 16 = 64$ casillas. Como nuestro tablero tenía 81 casillas, el menor número de casillas que pueden quedar vacías es $81 - 64 = 17$ casillas.

Una mesa y un mantel

Alberto Castaño Domínguez y Antonio Rojas León

Para este desafío, hemos comprado una mesa rectangular de un metro de ancho y un metro y medio de largo, y un rollo de papel de color con el que queremos revestirla completamente. El rollo de papel tiene exactamente 20 centímetros de ancho. Además, después de haberlo comprado, nos damos cuenta de que su longitud es de 7,50 metros, por lo que su área total es igual al área de la mesa y, por tanto, no podemos desperdiciar ningún trozo del papel. Para conseguirlo necesitaremos cortarlo en tiras de 20 centímetros de ancho que cubran completamente la mesa sin superponerse. Esto puede hacerse de muchas formas, la más sencilla de ellas colocando las tiras de forma paralela como en el siguiente gráfico:

Aunque también puede hacerse de forma más enrevesada, como por ejemplo:

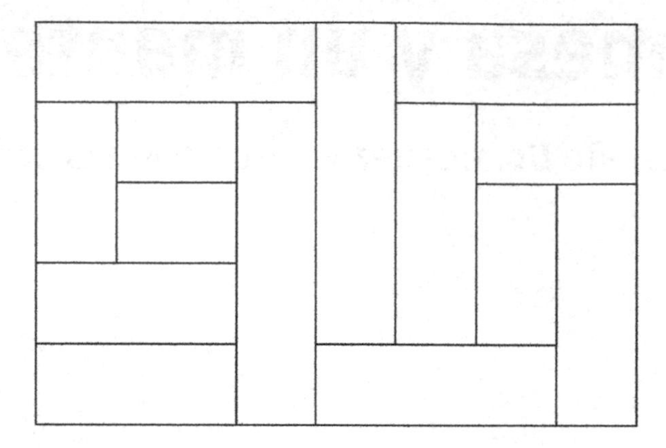

Una vez terminada la primera mesa, como nos ha gustado cómo ha quedado, queremos hacer lo mismo con una segunda, que ahora tiene unas dimensiones de 90 cm × 1,50 m, con un nuevo rollo de papel de color de 20 centímetros de ancho y de la misma área que la mesa. El desafío consiste en, o bien encontrar una forma de cubrir la mesa con tiras de papel según estas condiciones, o bien demostrar que no es posible hacerlo.

Recordemos que solo se pueden usar tiras rectangulares de 20 centímetros de ancho y de cualquier largo (incluso menor que 20 centímetros) y que estas solo pueden colocarse paralelamente a los lados de la mesa, horizontal o verticalmente.

Solución

Es imposible recubrir la segunda mesa según se pide. Para comprobarlo, imaginemos que la mesa esté dividida en cuadros blancos y negros de 10 cm de lado, como si fuera un tablero de ajedrez, de la siguiente forma:

En primer lugar, contando los cuadrados vemos que hay 68 negros y 67 blancos, por lo que el área que ocupa la parte negra es 100 cm^2 mayor que la que ocupa la parte blanca. Ahora bien, cada tira de 20 cm ocupa exactamente el mismo ancho que dos de estos cuadrados. Si cortamos por la mitad cada una de estas tiras en dos tiras iguales de 10 cm de ancho cada una, el color de los cuadrados que cubre cada una de estas mitades es justamente el opuesto del color que cubre la otra, como vemos en la siguiente figura.

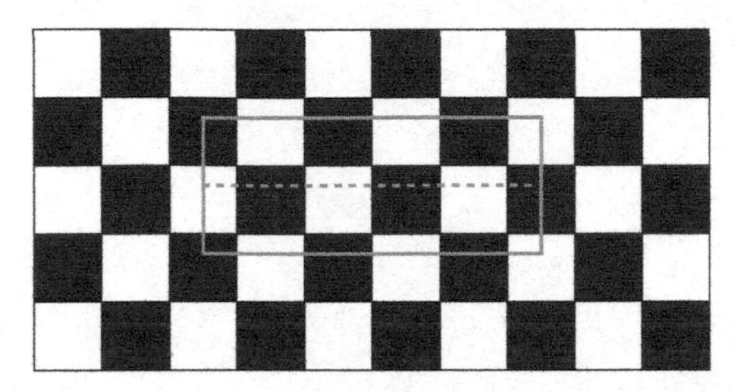

Por tanto, cada tira de 20 centímetros de ancho ocupa exactamente la misma área negra que blanca. Es imposible así cubrir toda la mesa, ya que pongamos las tiras que pongamos, la superficie cubierta siempre tendrá una mitad de su área de color blanco y la otra mitad de color negro.

Más información

Este desafío es una adaptación de un problema clásico, que pide probar que, si un rectángulo está dividido en rectángulos más pequeños, de lados paralelos a los del rectángulo grande, y cada uno de los rectángulos pequeños tiene un lado cuya longitud es un número entero, entonces el rectángulo grande también tiene un lado de longitud entera. Es un ejemplo de un tipo de problemas conocido como *problemas de empaquetamiento*, consistentes en encontrar maneras de rellenar una cierta figura geométrica con figuras más pequeñas de un cierto tipo o tamaño prefijados.

Una particularidad de este problema es que se conocen muchas soluciones distintas, que además hacen uso de herramientas de diversas ramas de las matemáticas: análisis matemático, combinatoria, teoría de grafos, álgebra, etc. La solución que presentamos aquí, posiblemente la más sencilla con respecto a las técnicas utilizadas, fue descubierta por Richard Rochberg y Sherman Stein.

El lector interesado en conocer otras soluciones alternativas y leer más sobre la historia del problema y su relación con otros problemas de empaquetamiento puede consultar el artículo *Fourteen proofs of a result about tiling a rectangle*, de Stan Wagon[7], o *Simple proofs of a rectangle tiling theorem*, de David MacKay[8].

---

7 En *The American Mathematical Monthly*, vol. 94, n.7, 1987.

8 Disponible en http://www.cs.toronto.edu/~mackay/abstracts/rectangles.html

Cómo tapar una mesa

Philippe T. Gimenez y Ana Núñez Jiménez

Tenemos una mesa rectangular y un número suficientemente grande de discos, todos del mismo tamaño.

Se consideran dos tipos de distribuciones de discos sobre la mesa:

1. La primera consiste en poner los discos sobre la mesa, con su centro dentro de ella —una parte del disco puede quedar fuera de la mesa pero el centro tiene que estar dentro—, de forma que no se superpongan, aunque sí puede haber contacto, y además de forma que no quepa ningún otro disco —de nuevo sin superposición y con su centro dentro—. En ese caso diremos que hemos **llenado** la mesa.

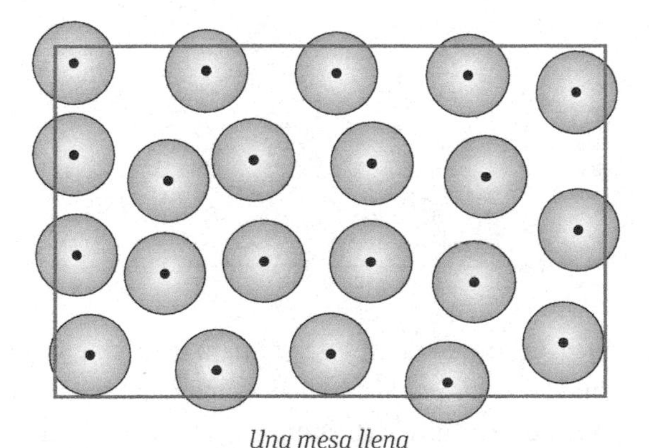

Una mesa llena

2. En la segunda distribución, los discos pueden superponerse y se debe conseguir que todos los puntos de la mesa estén debajo de alguno de ellos es decir que no quede a la vista ningún punto de la mesa. En ese caso, diremos que hemos **tapado** la mesa.

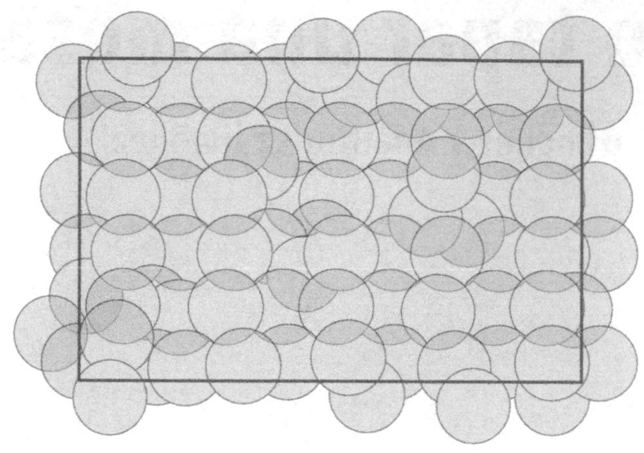

Una mesa tapada

El desafío consiste en demostrar que si la mesa se puede **llenar** con un número n de discos, entonces se puede **tapar** con $4n$ de ellos.

Solución

Supongamos que tenemos una configuración de n discos que llena la mesa, que llamaremos configuración inicial.

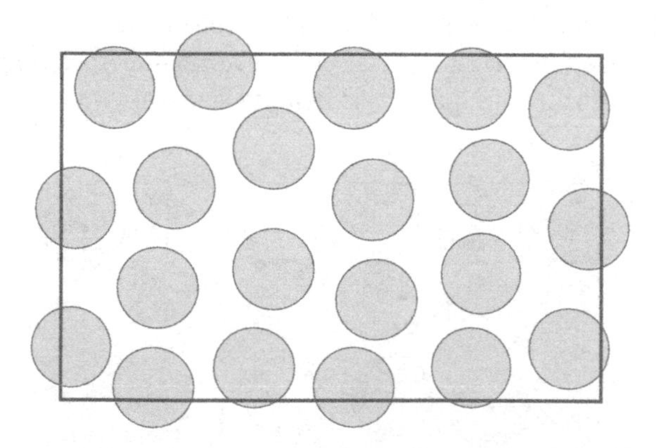

Comprobemos en primer lugar que si en esta configuración duplicamos el radio de los discos, entonces tapamos la mesa. En efecto, sustituyamos en la configuración inicial cada uno de los n discos de radio r por un disco grande de radio $2r$ con el mismo centro. Si en esta configuración "aumentada" algún punto P de la mesa no estuviera tapado por ninguno de los n discos grandes, esto significaría que la distancia de P al centro de cualquiera de los discos es mayor que $2r$. Por tanto, en la configuración inicial se podría añadir el disco de centro P y radio r sin que se solapara con ninguno de los n discos pequeños, lo cual contradiría que la mesa estuviera llena. Así que no existe tal punto P, es decir, la mesa ha quedado tapada con los n discos de radio $2r$ de la configuración aumentada.

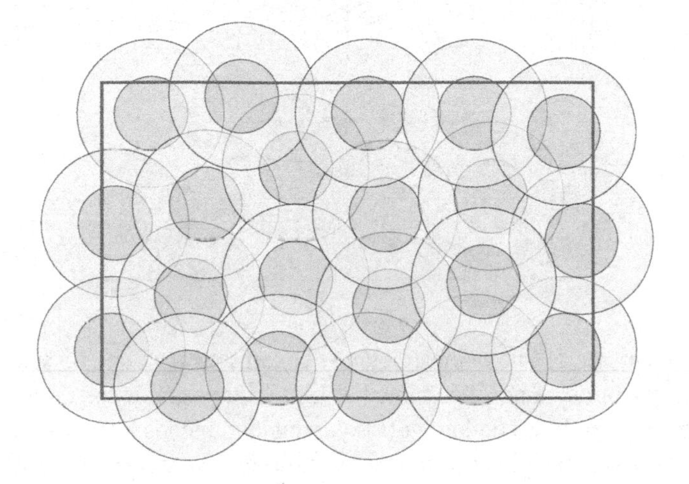

Volvamos al problema original, que es tapar la mesa con discos de radio r. Lo que haremos es un zoom, una reducción al 50% de todas las distancias en la mesa. De esta manera conseguiremos que los discos grandes de la configuración aumentada vuelvan a tener el tamaño correcto ya que su radio se parte a la mitad. Pero en esta reducción, las medidas de la mesa también se han partido a la mitad, por lo que habremos conseguido tapar con n discos de radio r una mesa con la mitad de largo y la mitad de ancho que la mesa original.

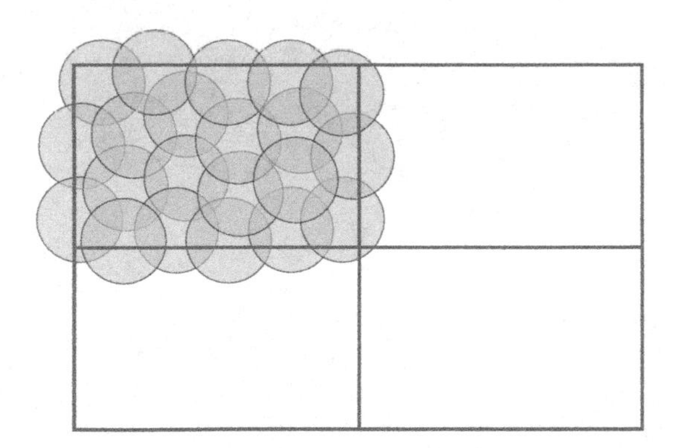

Esta pequeña mesa representa exactamente una cuarta parte de la mesa original, ya que al partir por la mitad el largo y el ancho de la mesa obtendremos cuatro mesas idénticas con la mitad de largo y la mitad de ancho. El razonamiento anterior nos dice que cada una de estas cuatro partes de la mesa original se puede tapar con n discos de radio r, por lo que la mesa original se puede tapar con $4n$ discos de radio r, que es lo que había que justificar.

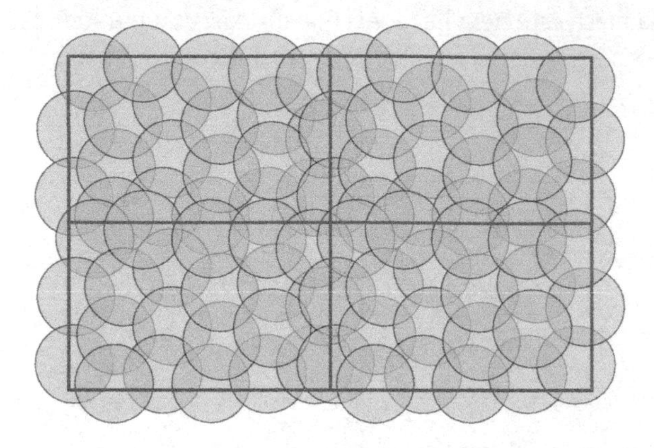

Observemos, además, que esta demostración es constructiva, ya que no solo nos dice que se puede, sino que también nos dice cómo hacerlo. Si empezamos con n discos que llenan la mesa, entonces fijándonos en los centros y reduciendo todas las distancias a la mitad, obtendremos la posición de los centros de los n discos que taparán la cuarta parte de la mesa. Basta reproducir en las cuatro partes iguales de la mesa esta configuración para tapar nuestra mesa original.

Capítulo 8
¡Vaya números!

Una enorme potencia de 2

Alberto C. Elduque Palomo

¿Cuáles son las dos últimas cifras de la siguiente potencia de 2:

$$2^{528****7301}$$

de la que se han borrado algunos dígitos del exponente (no sabemos cuántos)?

Solución

Puesto que 100 es múltiplo de 4 y todo número se puede escribir como un múltiplo de 100 más un número menor que 100 (el formado por sus dos últimas cifras), un número es múltiplo de 4 si, y solamente si, sus dos últimas cifras forman un número que sea múltiplo de 4. Por tanto, las dos últimas cifras de toda potencia de 2 mayor que 4 forman un número múltiplo de 4 entre 0 y 99. Hay exactamente 25 números así, desde 0 hasta 96. Pero este número no es múltiplo de 10, puesto que 10 no divide a ninguna potencia de 2, por lo que debemos descartar 0, 20, 40, 60 y 80, quedándonos 20 posibilidades. Por tanto, en las primeras 21 potencias de 2 comenzando en $2^2 = 4$, alguna de las terminaciones se debe repetir.

Calculemos las terminaciones de las primeras potencias de 2, hasta obtener una repetición:

$2^2 \to 04$	$2^7 \to 28$	$2^{12} \to 96$	$2^{17} \to 72$	$2^{22} \to 04$
$2^3 \to 08$	$2^8 \to 56$	$2^{13} \to 92$	$2^{18} \to 44$	$2^{23} \to 08$
$2^4 \to 16$	$2^9 \to 12$	$2^{14} \to 84$	$2^{19} \to 88$	...
$2^5 \to 32$	$2^{10} \to 24$	$2^{15} \to 68$	$2^{20} \to 76$	...
$2^6 \to 64$	$2^{11} \to 48$	$2^{16} \to 36$	$2^{21} \to 52$	...

Así pues, las dos últimas cifras de 2^{22} son las mismas que las de 2^2, y a partir de aquí se vuelve a repetir la misma secuencia de terminaciones. Si escribimos $x \equiv y$ para denotar que los números x e y tienen las mismas dos últimas cifras (otra manera de decir que x e y difieren en un múltiplo de 100), lo que obtenemos es

$$2^{22} \equiv 2^2, 2^{23} \equiv 2^3,..., 2^{20+a} \equiv 2^a,$$

para todo $a \geq 2$.

Nuestro exponente 528****7301 es igual a 528****7280 más 21. Esto es, es un múltiplo de 20 más 21. Por tanto, las dos últimas cifras son las de 2^{21}, ya que estas se repiten cada vez que sumamos 20 al exponente, y la solución al problema es **52**.

Más información

El lector impaciente puede tomar algún atajo. Por ejemplo, 2^{12} termina en 96, y esto lo podemos escribir como:

$$2^{12} \equiv 100 - 4 = 100 - 2^2,$$

de modo que obtenemos

$$2^{22} = 2^{10} \cdot 2^{12} \equiv 2^{10}(100 - 2^2) \equiv 2^{10} \cdot 100 - 2^{12} \equiv 100 - (100 - 2^2) = 2^2,$$

sin necesidad de calcular las terminaciones de las potencias $2^{13}, 2^{14}, ...$, y así nos habríamos ahorrado la mitad de las cuentas en nuestra tabla.

Quien conozca los rudimentos de aritmética modular (congruencias), se habrá percatado de que el problema se reduce a calcular el orden de 2 módulo 25, esto es, el menor número natural n tal que 2^n difiera de 1 en un múltiplo de 25. Este número natural n es precisamente 20.

Y el lector curioso se puede plantear cuántas últimas cifras podemos conocer de nuestra enorme potencia de 2. El cálculo de las tres últimas cifras se reduce al cálculo del orden de 2 módulo $5^3 = 125$, que es 100; el de las cuatro últimas cifras al orden de 2 módulo $5^4 = 625$, que es 500; el de las cinco últimas cifras al orden de 2 módulo $5^5 = 3125$, que es 2500.

Por tanto, como 528****7301 es igual a 528****5000 más 2301, esto es, es un múltiplo de 2500 más 2301, las cinco últimas cifras de nuestra enorme potencia de 2 coinciden con las cinco últimas cifras de 2^{2301}, que son 34 752. (Queda como ejercicio para el lector hacer este cálculo sin ayuda tecnológica.)

Las seis últimas cifras de nuestra enorme potencia de 2 ya dependen de los dígitos del exponente que no conocemos, pues el orden de 2 módulo $5^6 = 15\,625$ es 12 500. Esto es, las terminaciones consistentes en las seis últimas cifras de las potencias de 2 se repiten, comenzando en $2^6 = 64$, cada vez que aumentamos el exponente en 12 500.

Aparecen potencias enormes de 2 en la búsqueda de números primos. El número primo más grande conocido hasta el momento es $2^{43\,112\,609} - 1$, que es un número de casi trece millones de cifras —escribiendo dos cifras por centímetro necesitaríamos 65 kilómetros—. Los primos de esta forma, potencia de 2 menos 1, se conocen como *Primos de Mersenne*[9].

[9] Se puede colaborar en la búsqueda de nuevos primos de Mersenne siguiendo las instrucciones en la web http://www.mersenne.org/

Cuadrados que suman grandes cifras

Juan González-Meneses López

Los números cuadrados, o cuadrados perfectos, son los cuadrados de los números naturales, es decir: 1, 4, 9, 16, 25,... (no consideraremos el 0 como número natural). En este desafío trataremos de descubrir de cuántas maneras distintas se puede escribir un número dado como suma de cuatro cuadrados.

Por ejemplo, el número 39 se puede escribir únicamente de dos formas: $39 = 1 + 1 + 1 + 36$ y $39 = 1 + 4 + 9 + 25$. Observemos que se pueden repetir sumandos, y que no nos importa el orden de los mismos (es decir, $1 + 1 + 36 + 1$ no es una nueva forma de escribir 39, pues la consideramos igual a $1 + 1 + 1 + 36$).

El desafío consiste en responder a las siguientes preguntas: ¿De cuántas formas distintas se puede escribir 2^{2012} como suma de cuatro cuadrados? ¿Y de cuántas formas se puede escribir 2^{2011}?

Una advertencia: si alguien pretende usar un ordenador para calcular las posibles respuestas, quizás le convenga darse cuenta de que el número de cuadrados perfectos más pequeños que 2^{2011} es inmenso. Concretamente, mayor que 2^{1005}. Por lo que, aunque tuviera el ordenador más potente del mundo, tardaría muchos millones de años en calcular todas las posibilidades. Aquí tenemos un problema en el que el razonamiento matemático resulta mucho más eficiente que la *fuerza bruta* de los ordenadores.

Solución

Supongamos que tenemos una forma de escribir 2^{2012} como suma de cuatro cuadrados: $2^{2012} = A^2 + B^2 + C^2 + D^2$. Para obtener información sobre estos cuatro números A, B, C y D, usaremos un método muy útil al trabajar con números grandes: miraremos los restos que se obtienen al dividir cada sumando por un número pequeño, en este caso nos servirá el 8.

Es decir, vamos a escribir

$$A^2 = \dot{8} + r_1 \qquad B^2 = \dot{8} + r_2 \qquad C^2 = \dot{8} + r_3 \qquad D^2 = \dot{8} + r_4$$

con r_1, r_2, r_3 y r_4 entre 0 y 7, y estudiaremos los posibles valores de estos restos r_1, r_2, r_3 y r_4

Veamos que r_1 solo puede ser 0, 1 o 4.

En efecto, si A es par (múltiplo de 2), entonces A^2 será múltiplo de 4, y al dividirlo entre 8 su resto será 0 o 4.

Por otro lado, si A es impar, se escribirá $A = 2k + 1$. Su cuadrado será $A^2 = 4k^2 + 4k + 1 = 4k(k + 1) + 1$. Observemos que, o bien k, o bien $k + 1$ debe ser par, luego $4k(k + 1)$ es múltiplo de 8. Por tanto, el resto de dividir A^2 entre 8, en este caso, es 1.

Hemos demostrado entonces que el resto de dividir entre 8 un número cuadrado cualquiera, debe ser 0, 1 o 4. Por tanto, los números r_1, r_2, r_3 y r_4 deben ser obligatoriamente 0, 1 o 4.

Pero como los cuatro cuadrados suman 2^{2012}, tenemos la igualdad:

$$2^{2012} = \dot{8} + r_1 + r_2 + r_3 + r_4$$

Y como 2^{2012} es múltiplo de 8, esto implica que $r_1 + r_2 + r_3 + r_4$ debe ser también múltiplo de 8.

Si enumeramos todas las posibilidades de obtener un múltiplo de 8 con los números 0, 1 y 4, vemos que solo se puede hacer como sigue: $0 + 0 + 0 + 0$, $0 + 0 + 4 + 4$, o $4 + 4 + 4 + 4$. Es decir, ninguno de los cuatro restos puede ser 1 y, por tanto, ninguno de los cuatro números A, B, C o D puede ser impar.

Fijémonos cómo, considerando los restos de dividir nuestros sumandos entre 8, hemos demostrado que los cuatro números A, B, C y D deben ser pares, con lo que podremos escribirlos como $A = 2a$, $B = 2b$, $C = 2c$ y $D = 2d$.

¿Cómo queda entonces nuestra igualdad inicial? Pues de la siguiente manera:

$$2^{2012} = (2a)^2 + (2b)^2 + (2c)^2 + (2d)^2.$$

Es decir,

$$2^{2012} = 4a^2 + 4b^2 + 4c^2 + 4d^2$$

y dividiendo entre 4, tendremos

$$2^{2010} = a^2 + b^2 + c^2 + d^2.$$

¿Y qué hemos conseguido con esto? Hemos demostrado que, si tenemos una forma de escribir 2^{2012} como suma de cuatro cuadrados, dividiéndola entre 4 obtendremos una forma de escribir 2^{2010} como suma de cuatro cuadrados.

Pero ahora podemos repetir el mismo argumento, y volviendo a dividir entre 4 tendremos una forma de escribir 2^{2008}, y luego una forma de escribir 2^{2006}, etc. Así hasta que obtengamos una forma de escribir 2^2, es decir 4, como suma de cuatro cuadrados. Esto solo se puede hacer de una forma:

$$4 - 1^2 + 1^2 + 1^2 + 1^2$$

y esta forma es precisamente la que proviene de

$$2^{2012} = 2^{2010} + 2^{2010} + 2^{2010} + 2^{2010}.$$

Es decir,

$$2^{2012} = (2^{1005})^2 + (2^{1005})^2 + (2^{1005})^2 + (2^{1005})^2.$$

Por tanto, hay **una única forma** de escribir 2^{2012} como suma de cuatro cuadrados.

¿Y qué ocurre con 2^{2011}? Ahora es muy fácil repetir el mismo razonamiento: cualquier forma de escribir 2^{2011} como suma de cuatro cuadrados produciría una forma de escribir 2^{2009}, y una de escribir 2^{2007}, etc. Así hasta obtener una forma de escribir 2^1, es decir 2, como suma de cuatro cuadrados. Como esto es imposible, deducimos que **no existe ninguna forma** de escribir 2^{2011} como suma de cuatro cuadrados.

Más información

Este problema está muy relacionado con un teorema del matemático prusiano del siglo XIX Carl Gustav Jakov Jacobi, que estudió precisamente cómo descomponer un número como suma de cuatro cuadrados perfectos.

Jacobi demostró que el número de cuaternas (A, B, C, D) de números enteros, tales que $n = A^2 + B^2 + C^2 + D^2$ es igual a ocho veces la suma de los divisores de n, si es n impar, y 24 veces la suma de los divisores impares de n, si n es par.

En nuestro caso, como 2^{2012} y 2^{2011} son pares, y su único divisor impar es 1, el teorema de Jacobi nos dice que hay exactamente 24 cuaternas posibles.

Por ejemplo, para 2^{2012} las 24 cuaternas son precisamente:

$$(\pm 2^{1005}, \pm 2^{1005}, \pm 2^{1005}, \pm 2^{1005})\ (\pm 2^{1006}, 0, 0, 0)$$
$$(0, \pm 2^{1006}, 0, 0)\ (0, 0, \pm 2^{1006}, 0)\ (0, 0, 0, \pm 2^{1006})$$

con los signos puestos de todas las maneras posibles. De estas cuaternas hay que descartar las que contengan al cero o a un entero negativo, por lo que la única posibilidad es (2^{1005},

$2^{1005}, 2^{1005}, 2^{1005})$, y así es cómo el Teorema de Jacobi nos demuestra que solo hay una forma posible de escribir 2^{2012} como suma de cuatro cuadrados.

En el caso de 2^{2011} las 24 cuaternas del Teorema de Jacobi son:

$$(\pm 2^{1005}, \pm 2^{1005}, 0, 0)\ (\pm 2^{1005}, 0, \pm 2^{1005}, 0)\ (\pm 2^{1005}, 0, 0, \pm 2^{1005})$$
$$(0, \pm 2^{1005}, \pm 2^{1005}, 0)\ (0, \pm 2^{1005}, 0, \pm 2^{1005})\ (0, 0, \pm 2^{1005}, \pm 2^{1005})$$

de nuevo con todos los signos posibles. Como todas las cuaternas incluyen un cero, se deduce que ninguna de ellas es aceptable como solución a nuestro desafío, y por tanto, no hay ninguna forma de escribir 2^{2011} como suma de cuatro cuadrados.

Lo malo de este método es que hay que *creerse* el Teorema de Jacobi —o estudiar su demostración—, y además hay que encontrar, aunque sea de casualidad, las 24 cuaternas en cada caso.

También se puede deducir el resultado a partir del teorema de Jacobi sin *adivinar* las 24 cuaternas. Buscamos cuaternas de números mayores que cero. Si hubiera alguna en que dichos números no fueran todos iguales, alguna permutación de esos números daría una cuaterna distinta, y todas las posibilidades de cambio de signo (16 por cada cuaterna), nos darían como mínimo 32 cuaternas diferentes. Esto contradice el teorema de Jacobi, por tanto, los cuatro números deben ser iguales. De ahí se deduce inmediatamente la única descomposición posible de 2^{2012}, y que no existe ninguna para 2^{2011}.

Un problema con números enormes

José Manuel Bayod Bayod

Tomamos un número N que tenga cien cifras escrito en base 10. El primero de sus cien dígitos no puede ser 0, por lo demás no hay ninguna restricción. Separamos N en dos números: el formado por las cincuenta primeras cifras, A, y el formado por las restantes, B. El desafío consiste en identificar todos los números N para los que $N = 3AB$ (el producto de 3 por A por B).

Solución

De los números N, A y B sabemos que:

- $N = 3AB$.
- N y A tienen, respectivamente, 100 y 50 cifras, así que $\mathrm{A} \geq 10^{49}$ (un uno seguido de 49 ceros). B tiene 50 cifras como máximo, pero puede tener menos, puesto que es posible que la cifra N de que ocupa la posición número 51 sea un cero.
- N se obtiene poniendo B a continuación de A, completando previamente B con ceros a la izquierda si es que tenía menos de 50 cifras. Esto equivale a decir que N puede obtenerse poniendo 50 ceros a la derecha de A (es decir, multiplicándolo por 10^{50}) y a continuación sumándole B, que así se añade a la derecha de A sin interferir con A. En otras palabras, que $N = 10^{50}A + B$.

Entonces $3AB = 10^{50}A + B$, por lo que poniendo todas las A en un mismo miembro de la igualdad y sacando factor común, obtenemos $A(3B - 10^{50}) - B$. El número α por el que hay multiplicar A para obtener B, $\alpha = 3B - 10^{50}$, es claramente un entero. La estrategia para resolver el desafío va a consistir en analizar con cuidado el entero α.

En primer lugar, α ha de ser positivo, puesto que $\alpha = B / A$ y tanto A como B son positivos. Además, α será menor que 10, pues de lo contrario $B = \alpha A$ tendría más de 50 cifras. Por consiguiente, α solo puede ser uno de los números 1, 2, ..., 9.

Ahora que sabemos que α tiene un solo dígito pasamos a probar además que ha de ser menor que 4, por reducción al absurdo: si α fuese mayor o igual que 4, entonces

$$10^{50} + \alpha = 3B = 3\alpha A \geq 12A \geq 12 \times 10^{49},$$

es decir, los números de 51 cifras, $10^{50} + \alpha$, que en base 10 se escribe $100...00\alpha$, y 12×10^{49}, que en base 10 es 120...000, cumplirían

$$100...00\alpha \geq 120...000,$$

lo que es obviamente falso. (Una manera más rigurosa de llegar a una conclusión falsa sería observar que de la primera cadena de igualdades y desigualdades deduciríamos que $\alpha \geq 12 \times 10^{49} - 10^{50} = (12 - 10)10^{49} = 2 \times 10^{49}$, pero sabemos que α es menor que 10.) Así que α solamente puede ser 1, 2 o 3.

Por último, para que el número $100...00\alpha$ sea múltiplo de 3 (necesariamente lo es, puesto que es igual a $3B$), la suma de sus dígitos, $1 + \alpha$, ha de ser múltiplo de 3. De los tres posibles valores de α, el único que cumple esta condición es $\alpha = 2$.

Por consiguiente, la única solución posible para B (y, por tanto, para A) es la que corresponde a $\alpha = 2$:

$$B_0 = \frac{10^{50} + 2}{3} = 333...334 \text{ (con 50 cifras)}$$

y

$$A_0 = \frac{B_0}{2} = 166...667 \text{ (con 50 cifras).}$$

El razonamiento que hemos hecho hasta ahora ha consistido en suponer que había solución y demostrar que entonces la solución solo puede ser la dada por los números A_0 y B_0. Nos queda comprobar que el número N_0 de 100 cifras, que se obtiene al escribir primero A_0 y después B_0, $N_0 = 166...667333...334$, cumple efectivamente que $N_0 = 3A_0B_0$, lo cual es cierto gracias a que algunas de las implicaciones que hicimos al principio son reversibles. En efecto, la construcción de A_0 y B_0 nos permite concluir que $N_0 = 10^{50}A_0 + B_0 = (10^{50} + 2)A_0 = 3B_0A_0$.

Más información

Si en lugar de números compuestos por 100 cifras estuviéramos hablando, por ejemplo, de números N de dos cifras, la primera de las cuales es A y la segunda es B, podríamos comprobar directamente que las únicas soluciones de N en la ecuación $N = 3AB$ son 15 y 24. Pero al tratar con números tan enormes como los de 100 cifras[10], resulta materialmente

[10] Una búsqueda en internet del término *googol* nos dará una idea de la magnitud de estos números.

imposible, ni con medios humanos ni mecánicos, hacer una comprobación directa de todos los casos posibles.

Si sustituimos la condición de que N tenga 100 cifras por la condición más general de que tenga un número de cifras que sea par y mayor que 2, entonces la misma solución que hemos mostrado aquí es aplicable, con las modificaciones obvias.

Hay otras variantes del enunciado aquí propuesto que hacen el problema más difícil pero todavía resoluble con técnicas elementales. Entre otras, (1) suprimir la condición de que la primera de las 100 cifras sea no nula; (2) mantener las mismas condiciones pero para números escritos en una base cualquiera; (3) admitir que N pueda tener cualquier número par de cifras y además sustituir la igualdad $N = 3AB$ por la igualdad $N = \lambda AB$, donde el factor λ pueda ser cualquiera[11].

---

[11] Esta última versión formó parte del Concurso de Problemas Martínez Maurica organizado por el Departamento de Matemáticas, Estadística y Computación de la Universidad de Cantabria en 1994.

Capítulo 9
Probabilidad

Apuesta arriesgada

Santiago Fernández Fernández

Una persona necesita urgentemente 5000 euros y quiere conseguirlos jugando a un juego de azar que consiste en apostar una cantidad de dinero, siempre múltiplo de 1000, de tal manera que si gana recupera lo apostado y consigue además otro tanto.

El jugador parte con 1000 euros y juega siempre en cada apuesta de la manera más arriesgada posible para lograr su objetivo, eso sí, dentro de la lógica (por ejemplo: si tiene 2000 euros se jugará los 2000, mientras que si hubiera conseguido 3000 euros no los jugaría en su totalidad, sino que apostaría únicamente 2000 euros, ya que en el caso de ganar conseguiría los 5000 euros y si perdiera se quedaría con 1000, con la posibilidad de volver a jugar).

Y este es el desafío: ¿qué probabilidad tiene de conseguir los 5000 euros?

Nota importante: Se supone que en cada lance la probabilidad de perder o de ganar es la misma.

Solución

Para simplificar el problema hemos considerado el valor 1 como 1000 euros y la misma relación para los demás valores del enunciado del problema.

Para resolver el desafío es muy conveniente entender perfectamente las condiciones y reglas del problema.

Hay varias formas, de resolverlo. Veamos algunas de ellas.

Primera solución

De acuerdo con las condiciones del juego, al jugador no le queda más remedio que apostar todo lo que tiene al principio. Evidentemente se enfrenta a dos cuestiones: ¿cuánto dinero puede reunir si gana? ¿Y si pierde?

Está claro que si el jugador pierde en su primera jugada habrá terminado el juego y con ello llegará su ruina. Pero si gana seguirá jugando, ya que aún no ha alcanzado su objetivo. ¿Qué cantidad debe apostar en la siguiente jugada? Recuerda que es un jugador que realiza la apuesta más arriesgada posible, es decir, quiere llegar cuanto antes a la cantidad que necesita.

A medida que avanzamos en el juego la situación se va complicando.

Un buen recurso para "domesticar" el juego es realizar un grafo que represente la transición entre las diversas situaciones. Cada manera en que puede transcurrir el juego corresponde a un camino que comienza en el valor señalado como 1 (que representa la cantidad de 1000 euros) y acaba en los puntos señalados como 0 (perdedor) o 5 (ganador)

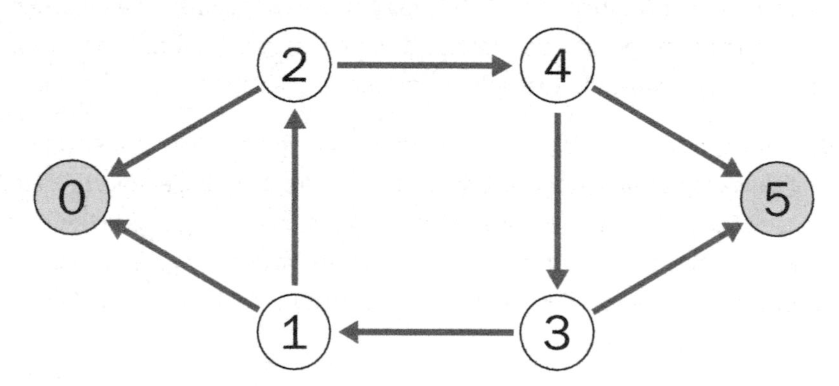

Los valores rotulados en el grafo como 0, 1, 2, 3, 4 y 5 los llamaremos estadios del juego o posiciones. El estadio 1 es el estadio inicial, mientras que los estadios 0 y 5 serán los estadios finales.

Para resolver el desafío realizaremos una simulación utilizando fichas. Introducimos fichas por el estadio 1, que es la situación inicial. Como puedes observar, de ese estadio salen dos caminos, uno conduce al 0 y el otro al 2. El primero representa que el jugador ha perdido la primera partida y el segundo que la ha ganado, aunque aún no ha ganado el juego (ya que no ha llegado al estadio 5).

Estadios o posiciones	0	1	2	3	4	5
Distribución de las 2 fichas	1		1			

Si en vez de dos fichas son cuatro las que participan en el juego, su distribución, siguiendo las leyes de la probabilidad, sería la siguiente:

Estadios o posiciones	0	1	2	3	4	5
Distribución de las 4 fichas	3				1	

En el primer paso, de las cuatro fichas dos resultarían perdedoras y dos alcanzarían la posición o estadio 2, de estas una volvería a perderse y la otra alcanzaría la posición 4. En resumen, de las cuatro fichas iniciales tres se perderían (estadio 0) y una alcanzaría la posición 4, tal como indica la tabla anterior. Hemos de señalar que ninguna de las cuatro fichas ha llegado al estadio 5.

Si las fichas iniciales son ocho, siguiendo el mismo razonamiento, la distribución sería:

Estadios o posiciones	0	1	2	3	4	5
Distribución de las 8 fichas	6			1		1

Si las fichas introducidas son dieciséis, de acuerdo con las reglas del problema la distribución final de las mismas es:

Estadios o posiciones	0	1	2	3	4	5
Distribución de las 16 fichas	12	1				3

Interpretando esta última tabla podemos obtener la siguiente conclusión: de las dieciséis fichas que han entrado en juego, doce de ellas han caído en la posición 0 (estadio perdedor) tres fichas han llegado a la posición 5 (estadio ganador), mientras que una de las fichas, después de hacer un recorrido completo, vuelve a su lugar de origen (posición 1). Por tanto, razonando sobre quince fichas, concluimos que doce han caído en la posición 0 (estadio perdedor) y tres en la posición 5 (estadio ganador).

Luego, de una manera intuitiva, podemos señalar que la probabilidad pedida es:

$$P = 3/15 = 1/5 = 0{,}2.$$

Este camino es bastante informal y seguramente a muchas personas no les satisfaga demasiado; sin embargo, nos da una idea clara de la evolución del juego.

Segunda solución

Si acudimos a un razonamiento estrictamente lógico, también podemos resolver el problema. En efecto, comenzando con 1000 euros, la probabilidad de perder, y por tanto quedarnos con 0 euros, es 1/2, y la de ganar, y por tanto, llegar a los 2000 euros, es también 1/2. En el segundo caso (que ya hayamos ganado 1000 euros) apostamos 2000 y la probabilidad de perder es 1/4 (la mitad de 1/2) para quedarnos nuevamente con 0, y la misma para ganar y obtener 4000. Seguimos apostando 1000 con probabilidad 1/8 de ganar y quedarse con 5000 euros y la misma probabilidad de perder y quedarnos con 3000 euros. Ahora apostamos 2000, siendo 1/16 la probabilidad de ganar y quedarse con 5000, y la misma probabilidad de perder y quedarnos con 1000.

Como puedes ver, esta es la situación de partida, por lo que ahora se va a repetir el proceso. Por tanto, llamando P a la probabilidad buscada tenemos que se cumple la ecuación $P = 1/8 + 1/16 + (1/16)$ P, que, una vez resuelta, da la solución $P = 1/5$, o bien un 20%.

Tercera solución

También podemos recurrir a un árbol de probabilidad y aplicar las leyes clásicas de la probabilidad.

Podemos esquematizar las jugadas posibles como sigue:

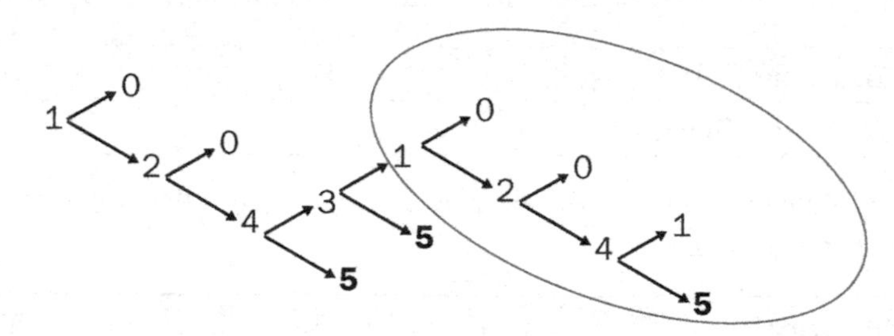

Si analizamos el árbol, podríamos obtener 5 (5000 euros) a la tercera jugada si todas son favorables, o a la cuarta si perdemos la tercera. Si perdemos la cuarta, nos quedamos con 1 como al principio de la partida, y por tanto, tenemos un nuevo ciclo de cuatro jugadas y así sucesivamente,...

Así pues, la probabilidad de ganar será una suma de pequeños sumandos:

$$P = \left(\frac{1}{2^3} + \frac{1}{2^4}\right) + \left(\frac{1}{2^7} + \frac{1}{2^8}\right) + \left(\frac{1}{2^{11}} + \frac{1}{2^{12}}\right) + ...$$

Operando tenemos:

$$P = \left(\frac{1}{2^3} + \frac{1}{2^4}\right) \cdot \left(1 + \frac{1}{2^4} + \frac{1}{2^8} + ...\right) = \frac{3}{16} \cdot \left(1 + \frac{1}{16} + \frac{1}{16^2} + ...\right) = 3\sum_{n=1}^{\infty}\left(\frac{1}{16}\right)^n.$$

Como puedes observar, aparece una progresión geométrica de razón 1/16, por tanto es convergente y su suma es 1/15. Al multiplicar por 3 se tiene $P = 1/5$.

Evidentemente en todos los casos la probabilidad es la misma, esto es, 1/5.

Para finalizar, el desafío también se podría resolver acudiendo al concepto de esperanza matemática.

Lanzamos repetidas veces una moneda que no esté trucada y anotamos 1 cuando sale cara y 0 cuando sale cruz. Conseguimos así una serie de cifras binarias (a las que llamaremos

Una azarosa taba

Rafael Tesoro Carretero[12]

bits de aquí en adelante) que es *aleatoria* y no tiene *sesgo*. Por ejemplo, yo he conseguido una que empieza así:

0 0 1 0 1 0 0 1 1 1 1 1 0 0 0 0 1 1 0 0 0 0 0 1 1 0 0 0 0 1 1 ...

Decimos que la serie no tiene sesgo porque en cada tirada la probabilidad de 1 es igual a la probabilidad de 0. Decimos que la serie es aleatoria porque nunca se puede adivinar el resultado que saldrá en la siguiente tirada, a diferencia de lo que, por ejemplo, pasa con estas otras dos series:

0 1 0 1 0 1 0 1... , 0 1 0 0 1 1 0 1 0 0 1 1 0 1 0 0 1 1...,

dentro de las cuales detectamos un patrón repetitivo con el que (si conocemos unos cuantos bits de la serie) podemos adivinar cuál será el siguiente bit. Según el diccionario de la RAE el adjetivo aleatorio (que viene del latín *aleatorĭus*, propio del juego de dados) significa "perteneciente o relativo al juego de azar".

Las series de bits aleatorias y sin sesgo son útiles para simular cualquiera de los arquetipos del azar (conocidos técnicamente como *distribuciones de probabilidad*, por ejemplo una de ellas es la famosa campana de Gauss).

---

[12] Recuerdo con agrado cuando José Luis *Josechu* Fernández llamó mi atención sobre la taba como "fuente de azar". Agradezco sus comentarios y también los de F. Javier Cilleruelo, Pablo Fernández Gallardo y Adolfo Quirós; las observaciones de todos ellos sirvieron para mejorar los borradores iniciales de este texto.

¿Qué podemos hacer si no estamos seguros de que nuestra moneda no tenga sesgo? ¿Cómo garantizar que no ha sido trucada? Por suerte nos podemos olvidar de las monedas y empezar con unas simples tabas.

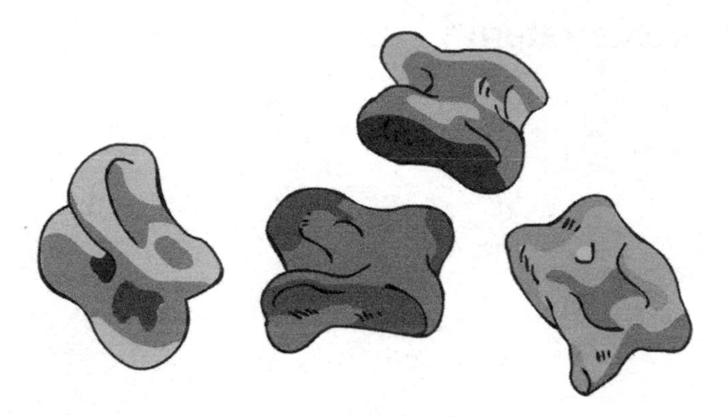

La taba es un hueso que los mamíferos tenemos en el pie. Las de los corderos se usan para jugar desde tiempo inmemorial: aparecen en estatuas romanas y también en el cuadro *Juegos de niños* de Brueghel el Viejo que se encuentra en el Kunsthistorischen Museum de Viena. Los habitantes de algunos lugares de España mantienen una ancestral tradición de reunirse para apostar usando tabas. Por ejemplo en Colmenar Viejo, cerca de Madrid, se juega con ellas los días de San Andrés y de Santa Lucía.

Cualquier taba está *cargada* porque no es simétrica respecto a su centro de gravedad y, aunque puede caer de cuatro formas distintas, nosotros tendremos en cuenta solamente dos posibles resultados. Vamos a lanzar repetidas veces una misma taba y anotamos 1 cuando queda hacia arriba la parte hundida del hueso y anotamos 0 si la taba cae de cualquier otra forma.

La taba tiene carga, así que (casi seguro) obtendremos una serie aleatoria de bits con sesgo. Como los tamaños y las formas de las tabas varían, cada taba tiene su propia carga que es distinta de las demás.

El desafío que hay que resolver es el siguiente: a partir de la serie aleatoria de bits conseguida lanzando repetidamente una misma taba, obtener una serie de bits (que necesariamente será más corta que la serie de partida) que no se pueda distinguir de la que produce una moneda sin trucar, es decir: obtener una serie de bits aleatoria y sin sesgo. La solución ha de funcionar usando cualquier taba.

Solución

Llamamos *serie resultado* a la serie de bits que se pide construir en el desafío. Una solución sencilla es la siguiente:

1. Tomamos la primera pareja de la serie de bits generada con la taba.
   a. Si la pareja es repetitiva (es decir o bien 00 o bien 11) la desechamos.
   b. En otro caso (es decir o bien 01 o bien 10) nos quedamos con el primer bit de la pareja, que será el primer bit de la serie resultado.
2. Repetimos el paso 1 con la siguiente pareja de la serie de bits de la taba. Si no es repetitiva, el bit que extraemos de esta pareja se añade al final de lo que llevamos de la serie resultado. Y así sucesivamente hasta agotar la serie de bits de la taba.

Para demostrar la validez de esta solución vamos a usar la letra p para referirnos a la probabilidad de que, tras lanzar la taba, queden hacia arriba las partes hundidas del hueso, lo que corresponde a un 1. En consecuencia la probabilidad del 0 es $1 - p$. Calculamos la probabilidad de que, en la serie de la taba, salga una pareja no repetitiva. Como cada lanzamiento es independiente del anterior multiplicamos las probabilidades individuales:

Probabilidad del suceso $01 = (1 - p) \cdot p$,
Probabilidad del suceso $10 = p \cdot (1 - p)$.

Sabemos que el orden los factores no altera el producto y entonces notamos que ambos sucesos 01 y 10 tienen la misma probabilidad de ocurrir dentro de la serie de la taba. Por este motivo la serie obtenida siguiendo este método no tiene sesgo. Además conserva la propiedad de ser aleatoria, pues la serie original de la taba también es aleatoria. No sabemos cuál es el valor concreto de p, pero es que ¡no hace falta saberlo! Si usamos una taba distinta tendrá posiblemente otra carga y en consecuencia otro valor para p, lo que no impide que la solución siga funcionando.

Otras respuestas correctas al problema que hemos planteado son variantes de la solución antedicha. En lugar de dividir la serie original en pares, sería posible utilizar grupos más largos. Por ejemplo podríamos dividir la serie en cuartetos y codificar todas las posibilidades menos dos (el suceso 0000 y el suceso 1111): tendríamos así cuatro sucesos con probabilidad $(1 - p)^3 \cdot p$, seis sucesos con probabilidad $(1 - p)^2 \cdot p^2$ y otros cuatro sucesos con probabilidad $(1 - p) \cdot p^3$. Utilizando la mitad de cada uno de los tres tipos de sucesos para codificar 1 y la otra mitad para 0 podríamos obtener igualmente una serie aleatoria sin sesgo.

Más información

La solución sencilla que hemos descrito se inspira directamente en un trabajo de John von Neumann publicado en 1951.

Veamos ahora por qué se puede esperar que la longitud de la serie resultado sea menor que la de serie original. La probabilidad de que un bloque de dos bits originales sea *aprovechable* es

$$(1 - p) \cdot p + p \cdot (1 - p) = 2 \cdot p \cdot (1 - p),$$

de modo que es previsible obtener, para una secuencia original muy larga de $2N$ dígitos (y N bloques de 2 bits), unos $2 \cdot p \cdot (1-p) \cdot N$ bloques aprovechables. De cada bloque aprovechable extraemos un solo bit, por lo que al final del proceso la longitud de la serie resultado rondará los $2 \cdot p \cdot (1-p) \cdot N$ dígitos, es decir, el resultado de multiplicar la longitud de la serie original por $p \cdot (1-p)$.

El máximo valor que puede tomar esta *tasa de aprovechamiento* sería de 1/4, es decir: en promedio obtendríamos una serie cuatro veces más corta. Este máximo se alcanza en el caso de una taba sin carga cuando $p = 1/2$.

A continuación describimos un modo de aumentar el aprovechamiento de bits con sesgo. Esto se puede conseguir *reciclando* el material inicialmente desechado en el algoritmo simple de von Neumann, es decir, aprovechando también todas las parejas repetitivas (o bien 00 o bien 11).

De este modo se alarga la serie resultado. Si nos quedamos con un único representante de cada pareja repetitiva, tendríamos una segunda serie de bits con sesgo, mucho más corta que la serie inicial. A esa segunda serie sesgada le podríamos aplicar el algoritmo simple de von Neumann, consiguiendo una segunda serie sin sesgo y añadiríamos estos nuevos bits sin sesgo a la serie resultado. Este proceso podríamos iterarlo tantas veces como fuera necesario hasta que se acabaran los bits.

Para concluir queremos poner de manifiesto la relación entre el aprovechamiento de bits aleatorios y otra magnitud dada por la fórmula

$$H(p) = -p \cdot log_2 p - (1-p) \cdot log_2 (1-p),$$

en la que log_2 quiere decir logaritmo en base 2. En 1948 Claude E. Shannon [3] acuñó el término *entropía* para $H(p)$, la cual mide cuán incierto es el resultado en cada tirada de una serie aleatoria de bits cuando la probabilidad de que salga 1 es p. Una interesante interpretación sugiere contemplar la función H como el promedio de la *extrañeza* que nos produce cada resultado de un experimento aleatorio [1].

En 1992 Yuval Peres [2] demostró que, para una clase amplia de procedimientos de extracción de bits (incluyendo los algoritmos que hemos descrito anteriormente), la entropía $H(p)$ de la serie original es el valor máximo posible de la tasa de aprovechamiento. Y comprobó que dicho aprovechamiento máximo se consigue, precisamente, iterando el algoritmo de von Neumann con reciclado.

Referencias

- *Examples of Surprisal*, http://www.umsl.edu/~fraundorfp/egsurpri.html
- YUVAL PERES: "Iterating Von Neumann's Procedure for Extracting Random Bits". *Annals of Statistics*, Vol. 20, No. 1, 590-597, 1992.
- CLAUDE E. SHANNON: "A Mathematical Theory of Communication", *Bell System Technical Journal*, Vol. 27, 379-423, 1948.

Una hormiga amenazada

Fernando Blasco Contreras

Una hormiga se desplaza sin parar por las aristas de un cubo. Parte del vértice marcado con el número 1 por una de las tres aristas que salen de ese punto. La probabilidad de tomar cualquiera de los caminos es de 1/3. Cada vez que llega a un nuevo vértice prosigue su paseo por una de las tres aristas que convergen en ese punto –vuelve para atrás, va para un lado o para el otro–, y de nuevo la probabilidad de tomar cada una de las rutas es de 1/3.

Los vértices 7 y 8 se rocían de insecticida, que es el único método que hay para matar a la hormiga: si el insecto llega a cualquiera de ellos morirá fulminantemente.

Partiendo del vértice 1, ¿qué probabilidad hay de que la hormiga no muera nunca? ¿Qué probabilidad hay de que muera en el vértice 7? ¿Y en el 8?

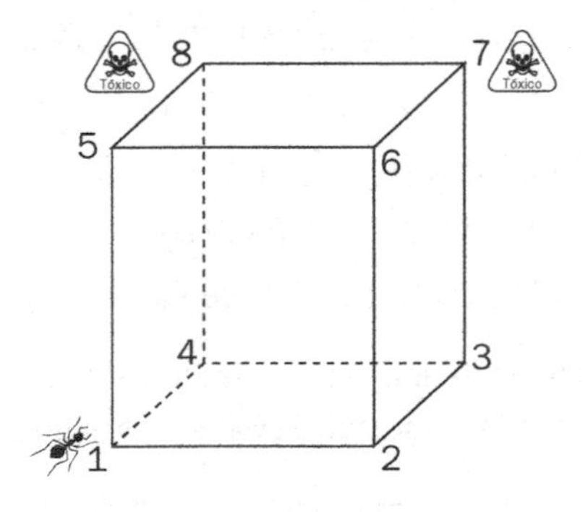

Solución

El problema puede resolverse de varias maneras pero, de algún modo, todas ellas involucran la probabilidad que tiene la hormiga de llegar al vértice i cuando se parte del *vértice j*. Como es más sencillo razonar en dimensión dos que en dimensión tres, representaremos el cubo y sus aristas en el plano. Para ello imaginaremos que levantamos la cara superior del cubo (como si se tratase de una tapadera) y que miramos a través de ella. Lo que veríamos sería algo similar a lo representado en la figura (la línea punteada indica que la hormiga no va a pasar nunca por esa arista, ya que al llegar al vértice 7 o al 8 moriría).

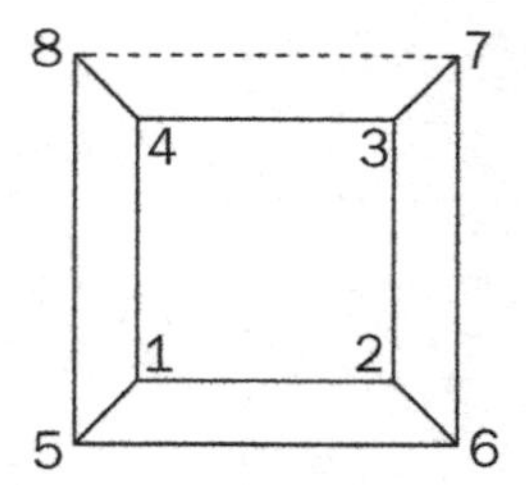

Llamaremos $P(i, j)$ a la probabilidad de que, partiendo del vértice i se llegue al vértice j (sin tener en cuenta el camino seguido ni los diferentes paseos de la hormiga). Utilizando este lenguaje, lo que nos piden es $P(1, 7)$ y $P(1, 8)$, las probabilidades de que partiendo del vértice 1 se llegue al 7 y al 8, respectivamente.

Nos fijaremos en la probabilidad de que la hormiga muera en el vértice 7 cuando parte de cada uno de los otros vértices. Desde el vértice 1 podemos ir al vértice 2, al 4 o al 5 y se llega a cada uno de ellos con probabilidad 1/3. El teorema de la probabilidad total nos indica entonces que

$$P(1, 7)=1/3\,P(2, 7) + 1/3\,P(4, 7) + 1/3\,P(5, 7).$$

Análogamente, teniendo en cuenta los demás vértices, obtenemos otras cinco ecuaciones:

$$\begin{aligned}
P(2, 7) &= 1/3\,P(1, 7) + 1/3\,P(3, 7) + 1/3\,P(6, 7)\\
P(3, 7) &= 1/3 + 1/3\,P(2, 7) + 1/3\,P(4, 7)\\
P(4, 7) &= 1/3\,P(1, 7) + 1/3\,P(3, 7)\\
P(5, 7) &= 1/3\,P(1, 7) + 1/3\,P(6, 7)\\
P(6, 7) &= 1/3 + 1/3\,P(2, 7) + 1/3\,P(5, 7)
\end{aligned}$$

Así, hemos llegado a un sistema de seis ecuaciones lineales con seis incógnitas. Puede resolverse (por ejemplo, utilizando el método de Gauss) para llegar a la solución.

Otra posibilidad para resolver el sistema consiste en explotar las simetrías del problema, ya que se tiene que $P(5, 7) = P(4, 7)$ y $P(3, 7) = P(6, 7)$, obteniendo entonces un sistema de cuatro ecuaciones con cuatro incógnitas, que es más fácil de resolver. Llamando

$$x = P(1, 7),\ y = P(2, 7),\ z = P(5, 7) = P(4, 7) \text{ y } t = P(3, 7) = P(6,7)$$

las ecuaciones anteriores se convierten en

$$x = 1/3\,y + 2/3\,z$$
$$y = 1/3\,x + 2/3\,t$$
$$t = 1/3 + 1/3\,y + 1/3\,z$$
$$z = 1/3\,x + 1/3\,t$$

De la primera ecuación se obtiene que $z = (3x - y)/2$ y de la segunda que $t = (-x + 3y)/2$. Sustituyendo estos valores en la tercera y cuarta ecuaciones, y simplificando, llegamos al sistema

$$-3x + 4y = 1$$
$$4x - 3y = 0$$

que, al resolverse, nos da $x = 3/7$, $y = 4/7$.

La simetría del problema nos decía que $P(2,7) = P(1,8)$. Por tanto, la hormiga llegará al vértice 7 con probabilidad 3/7 y al vértice 8 con probabilidad 4/7. La probabilidad de que la hormiga muera es la probabilidad del suceso "llegar al vértice 7 o llegar al vértice 8", y este valor es 1 (la suma de 3/7 y 4/7). La hormiga siempre muere.

Alternativamente, podemos pensar el problema mediante una cadena de Markov. En este caso la matriz de transición T es

$$\begin{pmatrix} 0 & 1/3 & 0 & 1/3 & 1/3 & 0 & 0 & 0 \\ 1/3 & 0 & 1/3 & 0 & 0 & 1/3 & 0 & 0 \\ 0 & 1/3 & 0 & 1/3 & 0 & 0 & 0 & 0 \\ 1/3 & 0 & 1/3 & 0 & 0 & 0 & 0 & 0 \\ 1/3 & 0 & 0 & 0 & 0 & 1/3 & 0 & 0 \\ 0 & 1/3 & 0 & 0 & 1/3 & 0 & 0 & 0 \\ 0 & 0 & 1/3 & 0 & 0 & 1/3 & 1 & 0 \\ 0 & 0 & 0 & 1/3 & 1/3 & 0 & 0 & 1 \end{pmatrix}$$

En esta matriz, el elemento a_{ij} representa la probabilidad de saltar del vértice j al vértice i (en un paso). En concreto, la primera columna representa la probabilidad de que en el 2º paso la hormiga esté, respectivamente, en el vértice 1, el 2, el 3, etc.

La primera columna de T^n indicará las probabilidades de que, en el paso $n + 1$, la hormiga esté en cada uno de los vértices. El límite de T^n cuando n tiende a infinito nos dirá la probabilidad en el estado final. Para calcularlo habría que diagonalizar y pasar al límite.

Más información

La primera referencia que tenemos de este problema es que apareció en la Olimpiada Matemática Belga de 1976. La hemos encontrado en el número 8 del Boletín de la Sociedad Canaria de Profesores de Matemáticas (Diciembre de 1980), en el artículo *Olimpiadas matemáticas en Bélgica*, traducido por Mª Josefa Álvarez Gómez. Conocí este problema más o menos en 1986 gracias al "Club Matemático IEPS" y su directora, Mª Luz Callejo de la Vega.

Este problema nos dio para muchas sesiones y creo que es muy bueno para trabajar la puesta en común en matemáticas, así como la resolución de problemas de forma colaborativa. La transcripción de las sesiones se publicó en el libro *Un Club Matemático para la diversidad*, publicado por Narcea en 1994. Para llegar a la solución nos vino bien leer en *Circo Matemático*, de Martin Gardner, publicado por Alianza Editorial, el capítulo sobre "Paseos aleatorios por el plano y el espacio."

Capítulo 10
Geometría

Un sistema de riego eficiente

Mari Paz Calvo Cabrero y Carlos Matrán Bea

En un jardín se quiere montar un sistema de riego automático. Para ello se instalará una boca de riego de la que saldrán tantas tuberías como árboles queramos regar, de modo que cada tubería llegue a uno de dichos árboles. Para reducir costes, se quiere además que la suma de las longitudes de dichas tuberías sea mínima.

Está claro que si solo tenemos dos árboles y situamos la boca de riego en cualquier punto del segmento de recta que los une, la suma de las longitudes de las tuberías es mínima e igual a la longitud del segmento AB, con independencia del punto del segmento que se elija. Esto incluye el poder situar la boca de riego exactamente donde está uno de los árboles, en cuyo caso una de las tuberías tiene longitud 0.

En nuestro jardín hay cuatro árboles y el desafío consiste en determinar cuál es el punto —o los puntos, si hubiera más de uno— en el que hay que situar la boca de riego para que la suma de las longitudes de las cuatro tuberías sea mínima.

Ten en cuenta que la solución va a depender de la disposición que presenten los cuatro árboles en el jardín.

Solución

Como se ha indicado en el planteamiento, la solución depende de la disposición que presentan los árboles en el jardín.

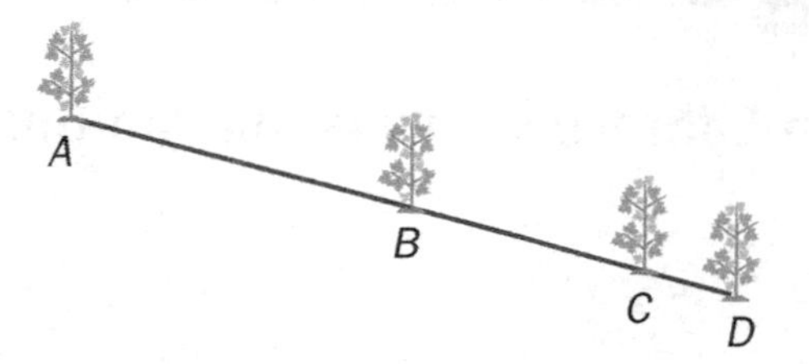

Figura 1. Cuatro árboles alineados.

Si los cuatro árboles están alineados (como en la Figura 1), la boca de riego se puede situar en cualquiera de los puntos de la recta en la que están los cuatro árboles y que dejan dos árboles a un lado y otros dos al otro lado. Dicho de otro modo, en el segmento de recta que une los dos árboles interiores, incluidas las posiciones en las que están dichos árboles intermedios. En la Figura 1 sería cualquier punto del segmento *BC*, incluidos los extremos.

La solución a este caso se obtiene teniendo en cuenta que, como se ha indicado en el planteamiento, si la boca de riego se sitúa en cualquier punto del segmento *AD* se hace mínima la suma de las longitudes de las tuberías que llegan a *A* y a *D* y que si la boca de riego se sitúa en cualquier punto del segmento *BC* se hace mínima la suma de las longitudes de las tuberías que llegan a *B* y a *C*. Por tanto, si la boca de riego se sitúa en cualquier punto del segmento *BC*, que también está en *AD*, se hace mínima la suma de las longitudes de las cuatro tuberías. Dicha suma será igual a la suma de las longitudes de los dos segmentos *AD* y *BC*.

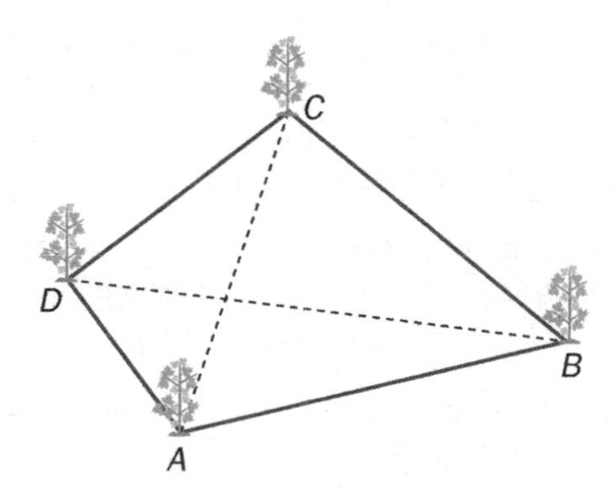

Figura 2. Cuatro árboles formando un cuadrilátero convexo.

Si los cuatro árboles forman un cuadrilátero convexo (como en la Figura 2), la boca de riego debe situarse en el punto de corte de las dos diagonales del cuadrilátero. Para llegar a esta conclusión basta notar que cualquier punto de cada diagonal hace mínima la suma de las distancias a los dos árboles situados en los extremos de la misma y, por tanto, el punto de corte de ambas minimiza la suma de las distancias a los cuatro árboles.

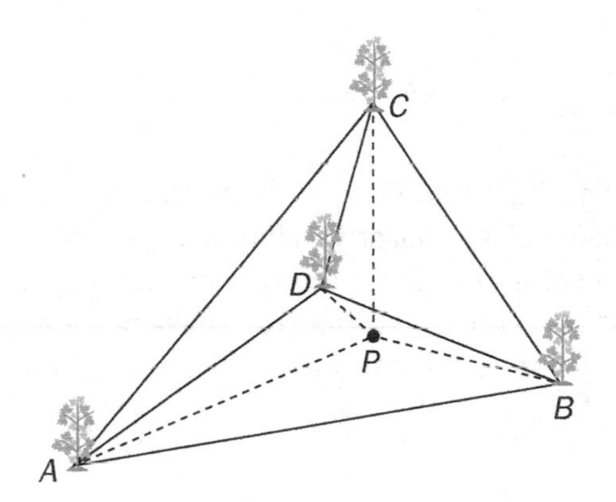

Figura 3. Cuatro árboles formando un cuadrilátero cóncavo.

Si uno de los árboles es interior al triángulo que forman los otros tres (ver Figura 3), la boca de riego debe situarse donde está dicho árbol interior. Para llegar a esta conclusión, se descarta en primer lugar que la boca de riego pueda situarse en un punto que esté fuera del triángulo, porque instalándola en el punto del borde del triángulo que está más cerca de él (ya sea su proyección sobre uno de los lados o el vértice más próximo), la suma de las longitudes de las cuatro tuberías sería menor.

A continuación se considera el caso en que la boca de riego se situara en un punto interior al triángulo (punto *P* en la Figura 3), distinto del punto donde está el árbol interior. En este caso, el triángulo inicial quedaría dividido en tres triángulos cuyos vértices son dos de los árboles y el punto donde estaría la boca de riego (triángulos *PAB*, *PBC* y *PCA* en la Figura 3).

En alguno de esos triángulos estará el árbol interior y, comparando las longitudes de los lados de dicho triángulo y las de los lados del triángulo de vértices la boca de riego, el árbol interior y el árbol que no está en el triángulo que contiene al árbol interior, se concluye fácilmente con la respuesta. En la Figura 3, la suma de las longitudes de los lados *PA* y *PC* es mayor que la suma de *DA* y *DC*, y la suma de las longitudes de los segmentos *PD* y *PB* es mayor que la longitud de *DB*.

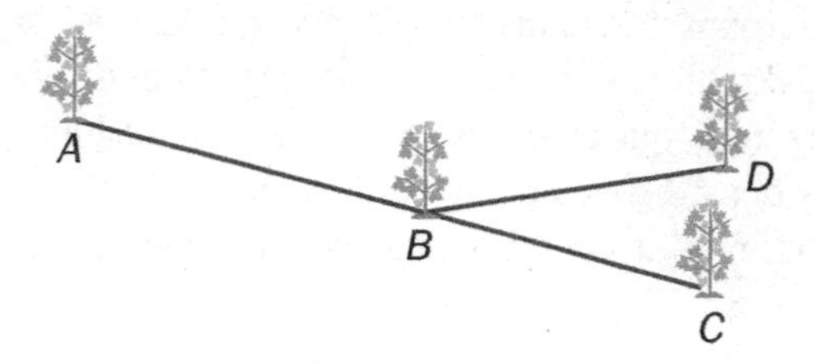

Figura 4. Tres árboles alineados.

Por último, si tres árboles están alineados y el cuarto no (como en la Figura 4), la boca de riego debe situarse donde está el árbol de los alineados que está entre los otros dos. En la Figura 4, en la posición del árbol *B*. Se puede ver como un caso degenerado de los dos anteriores, en el que el árbol interior al triángulo (respectivamente, exterior al triángulo) está exactamente en uno de los lados del triángulo.

Más información

Una demostración alternativa es posible, utilizando las propiedades métricas de los focos de una elipse.

El problema que hemos planteado es un ejemplo de un problema de optimización que en términos matemáticos se podría enunciar como "determinar el punto del plano que hace mínima la suma de las distancias de dicho punto a cuatro puntos dados en el mismo plano". No hay que confundir el problema que aquí se plantea con otro problema de optimización, en el que la solución es el punto cuyas coordenadas son los promedios de las coordenadas de los cuatro puntos dados (la media). Esta sería la respuesta correcta si hubiésemos querido que *la suma de los cuadrados de las longitudes de las cuatro tuberías fuese mínima.*

Dos gusanitos y una urraca voraz

Vadym Paziy[13]

Dos hermanos gusanitos de seda han discutido sobre quién de los dos llegará antes a casa desde un punto de una colina. La colina tiene forma de cono, con una base circular de 1 m de radio y una ladera (generatriz del cono) de 2 m. La casa se encuentra en un punto diametralmente opuesto al punto de partida. Uno de los gusanitos, de nombre Alegre, escoge el primer camino que encuentra, la base del cono. Sin embargo, su hermano Astuto afirma que conoce el camino más corto para llegar a casa.

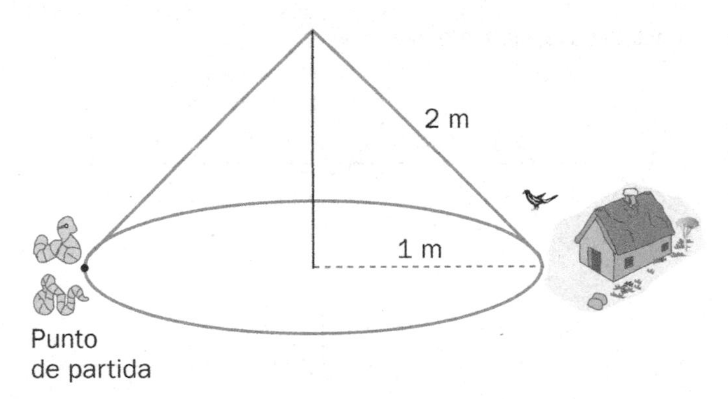

Pero ninguno de los dos sabe que en su casa les está esperando una urraca muerta de hambre que se comerá al primero que llegué. En el instante en que Alegre echa a andar, Astuto se pone a calcular la trayectoria que según él es la óptima, lo que le lleva exactamente tres minutos. Una vez la tiene empieza su camino. Suponiendo que los dos gusanos se desplazan con la misma velocidad de 1 mm/s, el desafío consiste en decidir quién será la víctima de la urraca, ¿Alegre o Astuto?

---

[13] El desafío ha sido inspirado por un ejemplo propuesto en los cursos de Geometría Diferencial por el profesor Lorenzo Abellanas Rapún, catedrático de Métodos Matemáticos en la Física de la Universidad Complutense de Madrid, a quien estoy muy agradecido.

Solución

La base de un cono no es el camino más corto para llegar de un punto de la base al diametralmente opuesto. Existe otro, tal y como se muestra en el siguiente dibujo:

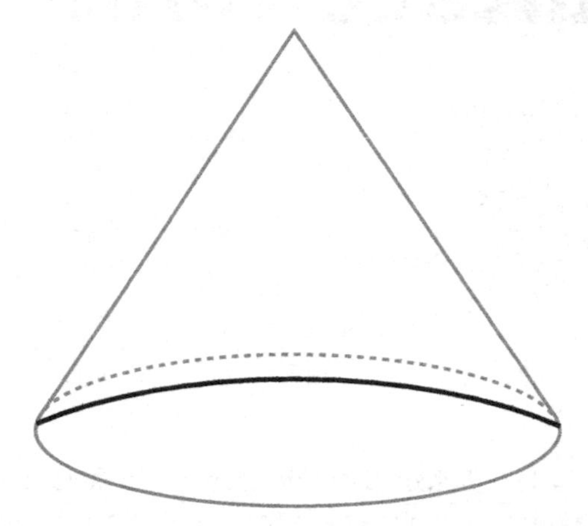

En principio, el desafío está planteado en tres dimensiones. Sin embargo, podemos simplificarlo pasando a un problema en dos dimensiones. Para ello, realizamos un corte recto desde la base hasta el vértice principal del cono y tumbamos lo que queda para obtener una superficie plana.

El resultado se muestra en la siguiente figura.

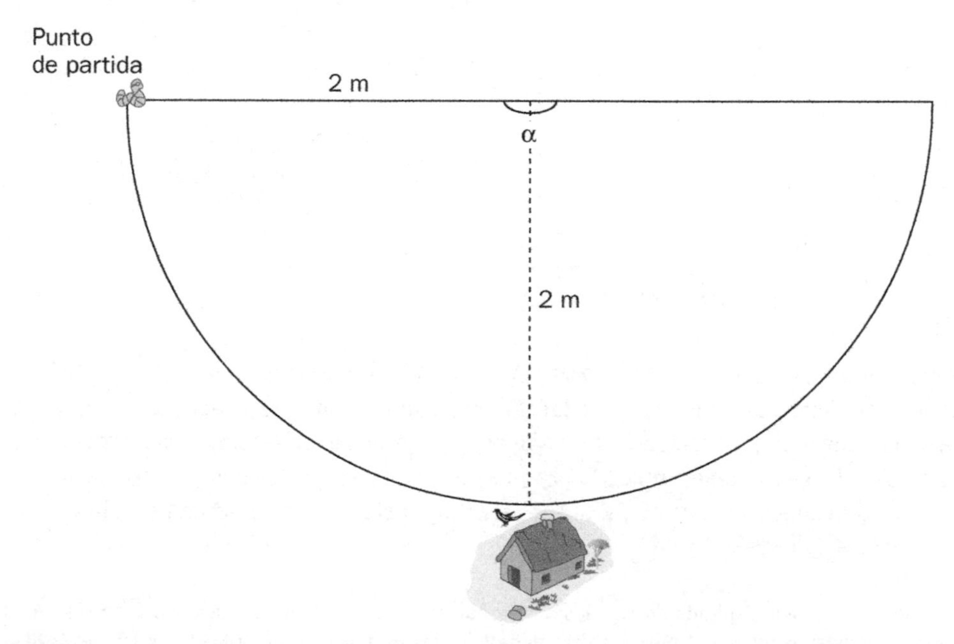

Observa que el ángulo de apertura α vale $\alpha = 360° \frac{r}{g} = 360° \frac{1}{2} = 180°$.

Además, todas las distancias se conservan (hemos hecho una isometría), con lo que el problema planteado se resuelve con las técnicas básicas de geometría en el plano.

Como en el plano la distancia más corta entre dos puntos es la línea recta, los caminos elegidos por los dos gusanos son los representados en el dibujo.

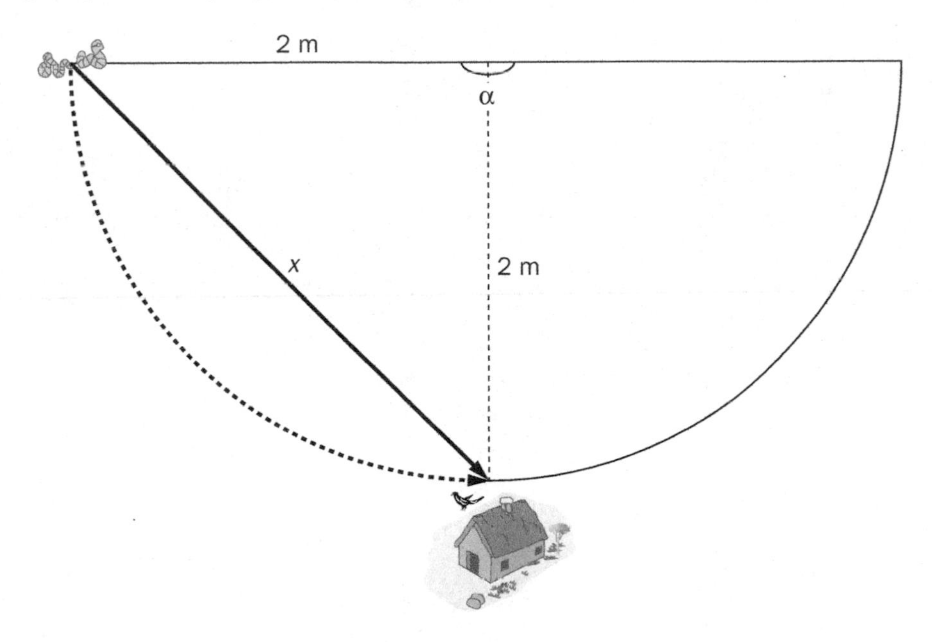

Esto ya demuestra que el camino de Astuto es el más corto posible.

Calculamos ahora sus longitudes.

Si x es la longitud del camino que elige Astuto, aplicando el teorema de Pitágoras:

$$x = \sqrt{2^2 + 2^2} = \sqrt{8} \approx 2{,}8284 \text{ m.}$$

Llamemos y a la distancia que recorre Alegre. Como va a lo largo de la base del cono, dividiendo entre 2 la longitud de la circunferencia que forma la base obtenemos

$$y = \frac{2\pi r}{2} = \pi \approx 3{,}1416 \text{ m.}$$

Como la velocidad de ambos es 1 mm/s el tiempo empleado es:

$$t_x = \frac{\sqrt{8}m}{0{,}001 m/s} \approx 2828{,}4 \text{ s} \approx 47 \text{ min.}$$

$$t_y = \frac{\pi m}{0{,}001 m/s} \approx 3141{,}6 \text{ s} \approx 52 \text{ min.}$$

Por tanto, Astuto tarda unos cinco minutos menos que su hermano. Así que, por desgracia, a pesar de que salió tres minutos después, la urraca se lo come.

Concierto en la plaza del pueblo

Francisco Javier Masip Usón

El Ayuntamiento de una localidad tiene previsto reacondicionar el pavimento de una plaza circular, que tiene a su vez una fuente también circular en el centro de la misma, para así celebrar conciertos de música a lo largo del año. Para redactar el pliego de condiciones, es necesario conocer cuál es la superficie de ese anillo circular, comprendido entre la fuente y el perímetro de la plaza, y así poder fijar el precio de licitación para la subasta.

Se consulta con un aparejador para que haga ese estudio, pero este profesional cobra un importe por cada medición que deba realizar entre dos puntos cualesquiera. El Ayuntamiento, que está recortando muchos gastos, pretende que esa partida sea lo más barata posible.

¿Cuál sería el menor número de mediciones, consideradas entre dos puntos, necesarias para calcular el área de ese anillo circular y cómo hallarías esa superficie a partir de esos datos?

Solución

La forma de la plaza y la fuente se corresponde con dos círculos concéntricos. La superficie a medir la podemos obtener de la diferencia de las áreas de cada uno de los círculos:

$$S = \pi R^2 - \pi r^2 = \pi (R^2 - r^2).$$

Se puede calcular por tanto con dos mediciones, los radios de cada uno de los círculos, pero, ¿es posible hacerlo en menos mediciones?

Una cuerda de la circunferencia exterior, que a su vez sea tangente al círculo interno, nos puede servir para ello. Veámoslo.

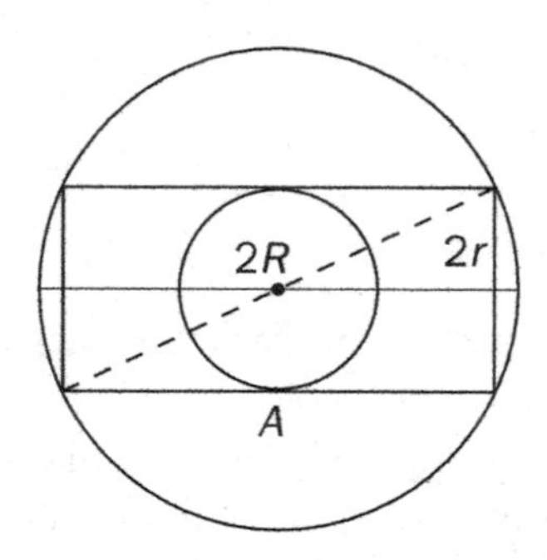

Una vez hecha la medición en la plaza, nos servimos de un plano para dibujar esa cuerda (A). Como no importa cuál sea la cuerda utilizada, porque todas medirán lo mismo, podemos trazarla paralela al eje horizontal.

A continuación trazamos otra cuerda paralela a la primera, tangente al círculo interno en el punto diametralmente opuesto al anterior.

Si unimos los extremos de ambas cuerdas, y posteriormente incorporamos una de las diagonales de ese rectángulo, se forma un triángulo rectángulo en el que uno de los catetos se corresponde con la cuerda que hemos medido en la plaza (A) y el otro con el diámetro de círculo menor ($2r$); la hipotenusa coincide con el diámetro de la circunferencia mayor ($2R$).

Aplicando el Teorema de Pitágoras, obtenemos que:

$$(2R)^2 = (2r)^2 + A^2 \Rightarrow A^2 = 4R^2 - 4r^2 = 4 (R^2 - r^2) \Rightarrow (R^2 - r^2) = A^2 /4.$$

Como $S = \pi (R^2 - r^2)$ tenemos $S = \pi (A^2 / 4)$ y hemos podido calcular la superficie haciendo una única medida.

Más información

Observa que el área no cambia si la fuente está situada en otro lugar de la plaza. Y, además, podemos calcularla por el mismo procedimiento:

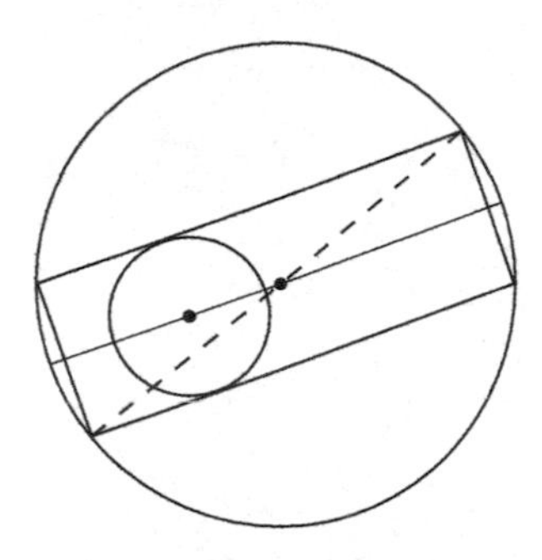

Podemos obtener otra forma de llegar a la misma respuesta al aplicar los teoremas de la altura y del arco capaz. Para ello dibujaremos en el plano un diámetro perpendicular a la medición realizada. Posteriormente trazamos un triángulo rectángulo cuya hipotenusa sea ese mismo diámetro y cuya altura haríamos corresponder con $(A / 2)$.

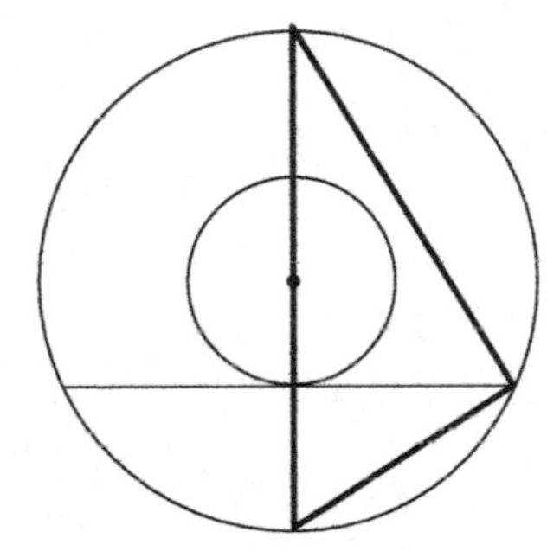

Nos quedaría la hipotenusa dividida en dos segmentos $(R + r)$ y $(R - r)$ y aplicando el teorema de la altura, veríamos que esta al cuadrado $(A/2)^2$ es igual a $(R^2 - r^2)$.

El desafío plantea un problema de tipo práctico. Por este motivo medir la cuerda completa puede ser más apropiado que medir la tangente desde un punto del círculo menor hasta el exterior.

Construyendo superficies

María Pe Pereira

Supongamos que tenemos una lámina con la forma sombreada en gris de la figura 1 y hecha de un material totalmente deformable que podemos modelar a nuestro antojo, por ejemplo estirándolo cuanto queramos. El desafío consiste en averiguar qué superficie se obtiene pegando adecuadamente los lados con el mismo número (el 1 con el 1, el 2 con el 2, etc.).

Por pegar adecuadamente entendemos que el sentido de las flechas debe coincidir al superponerse. Además, la circunferencia, que tiene el número 1, tiene que pegarse con la arista 1, haciendo coincidir el punto señalado en la circunferencia con los extremos de la arista.

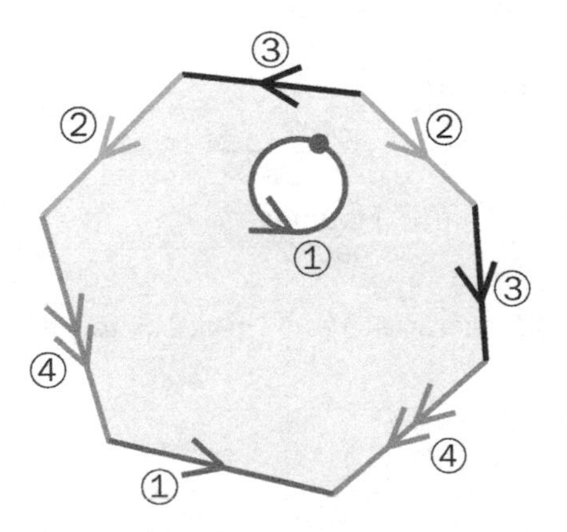

Figura 1.

Por ejemplo, con una lámina rectangular podríamos hacer varias superficies:

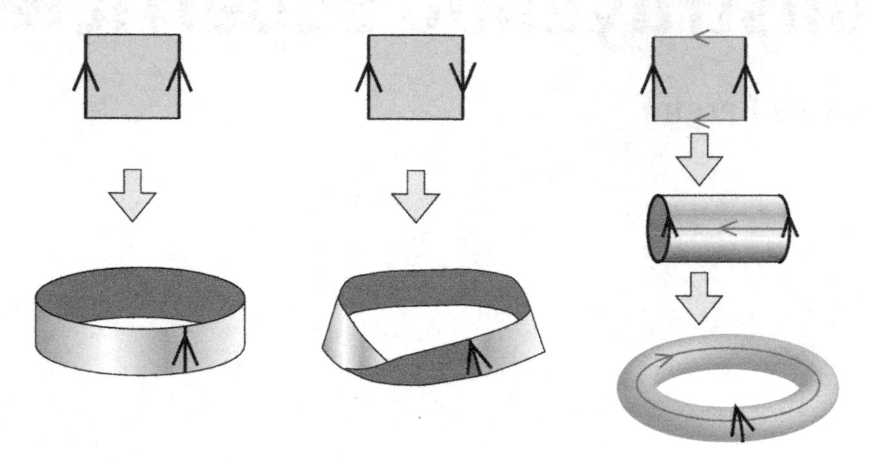

Figura 2. Cilindro, cinta de Möbius y flotador.

Puesto que el material del que está hecha la figura es totalmente deformable, podríamos construir muchas superficies distintas, algunas de ellas muy difíciles de describir. Veamos qué posibilidades nos podemos encontrar recordando la clasificación de superficies en el espacio realizada por Möbius en 1870.

En primer lugar las superficies se clasifican en superficies con bordes como el cilindro o la banda de Möbius y en superficies sin bordes como la esfera o un flotador. Lo que Möbius demostró es que cualquier superficie de una sola pieza, sin bordes, sin cruces[14], y que podamos construir físicamente[15], se puede deformar, sin romperse, hasta convertirla o bien en una esfera o bien en un flotador para un número finito de personas —con un agujero para cada persona—.

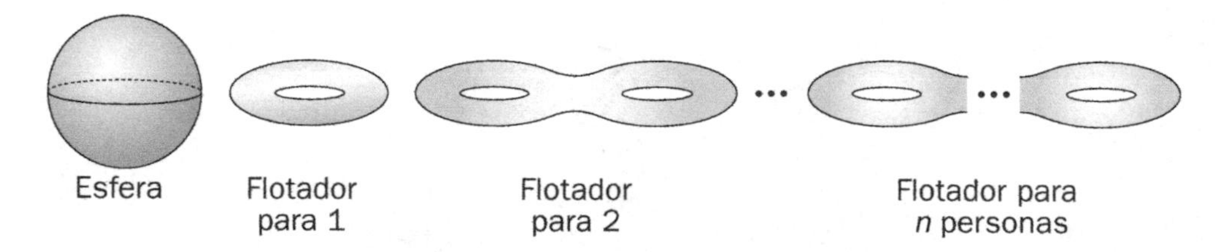

Figura 3. Esfera, flotador para 1, para 2... y para n personas.

[14] Un cruce es el lugar donde dos superficies, o dos trozos de la misma superficie, se cortan en una curva —o en un punto—. Por ejemplo, dos planos que se cortan en una recta en el espacio.

[15] No podemos realizar físicamente ni superficies infinitas como el plano, ni superficies infinitamente complicadas como superficies con infinitos agujeros, ¡porque no tenemos tiempo infinito para hacerlas!

En cuanto a las superficies con bordes (sin cruces, etc.), siempre se podrán deformar para dar lugar a la cinta de Möbius o a una de las anteriores (la esfera o algún flotador) a la que se le han recortado una cantidad finita de discos. Por ejemplo, un pantalón se puede deformar (hinchándolo como un balón) a una esfera a la que le recortamos tres discos:

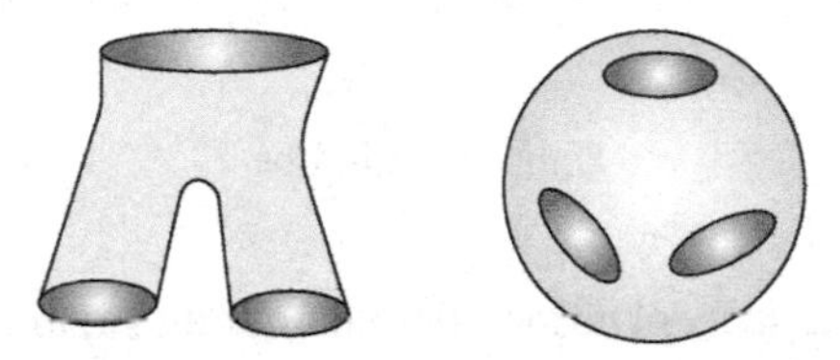

Figura 4. Pantalón.

Por tanto, volviendo al enunciado del desafío, pegando los lados del mismo trazo de la figura 1 se puede conseguir exactamente una de las superficies que acabamos de describir. La pregunta es: ¿cuál es esta superficie?

Solución

La solución es un flotador para dos personas. La forma de visualizarlo no es única, en particular no importa el orden en que peguemos los lados.

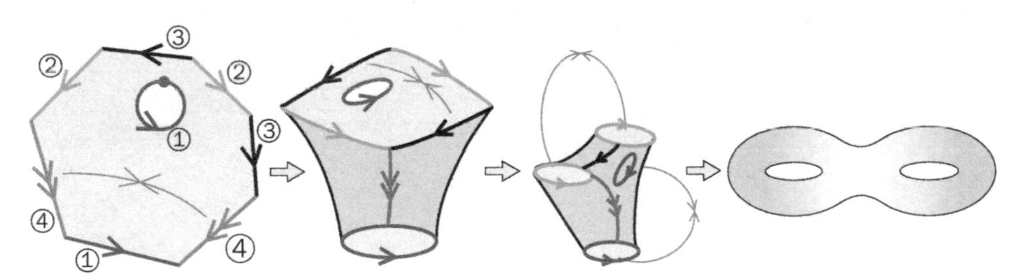

Figura 5. Posible visualización de la solución.

Más información

- Un comentario más sobre el teorema de clasificación citado. En realidad, solo deformando quizá no podamos conseguir siempre una de las superficies descritas, ya que la superficie podría aparecer como hecha un nudo en el espacio. Necesitaríamos entonces cortar la superficie con unas tijeras y volver a pegarla exactamente de la misma manera —si la superficie estuviera dibujada, al volver a pegar el dibujo se recuperaría, luego la superficie sería la misma—. Por ejemplo, en la siguiente figura tenemos dos cilindros, aunque el primero de ellos aparece anudado. Cortando por la línea de puntos y volviendo a pegar podemos pasar de uno a otro.

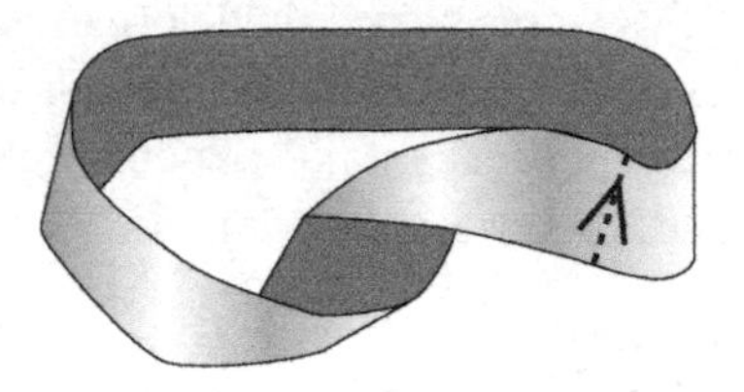
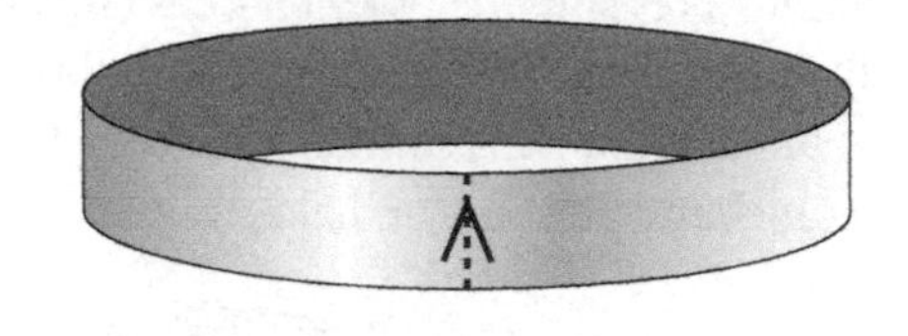

Figura 6. Cilindros.

Por último, te invitamos a hacer el pegado del flotador que aparece en la figura 2 (y de la propia figura del enunciado) en órdenes diferentes y comparar el resultado observando cómo quedan las curvas de diferente trazo en los diferentes casos.

- Si te has quedado con ganas de saber más, te sugerimos que leas el libro de Vicente Muñoz Velázquez, *Formas que se deforman. La topología*, RBA, Barcelona, 2011.

- En otro estilo, es muy recomendable *Planilandia*, de Edwin A. Abbot. Esta novelita satírica, publicada en 1884 con el título *Flatland: A Romance of Many Dimensions* bajo el seudónimo "A Square",[16] explica algunas diferencias entre la geometría de mundos de distintas dimensiones y la aprovecha para criticar las rígidas jerarquías sociales de la Inglaterra victoriana[17].

---

[16] Juego de palabras entre "Cuadrado", que es el nombre del protagonista, y el término inglés *squire*, más común en el siglo XIX que en nuestros días, que significaba originalmente "escudero" y luego pasó a designar una persona importante en una villa o pueblo, por ejemplo un Juez de Paz.

[17] Existen ediciones recientes en castellano (Laertes, 2008, y José J de Olañeta, 2011), catalán (Laertes, 2011) y gallego (Urco Editora, 2009).

Una molécula de siete átomos

Carme Cascante Canut

Supongamos que queremos construir una molécula plana formada por siete átomos de manera que, al elegir tres átomos cualesquiera de ella, se cumpla que al menos dos de ellos estén a un Ångstrom de distancia.

El desafío consiste en encontrar las coordenadas de la posición en el plano que ocuparían los siete átomos de esa molécula cumpliendo la propiedad anterior y situando uno de los átomos en el origen de coordenadas.

Notas:

- Consideraremos que los átomos son puntos y que la unidad que representaremos en los ejes de coordenadas es el Ångstrom.
- Si nos planteamos el problema más sencillo de dar posibles representaciones de moléculas planas constituidas por cuatro átomos y que cumplan la misma propiedad, esto es, que en toda posible elección de tres de sus átomos se cumpla que al menos dos de ellos se encuentren a un Ångstrom de distancia, es fácil obtener ejemplos de la distribución en el plano de los átomos de la molécula. Por ejemplo, bastaría con que los átomos estuvieran situados en los puntos (0, 0), (1, 0), (2, 0) y (3, 0). Si ahora buscamos la distribución de una molécula formada por cinco átomos que cumpla la propiedad, y a la distribución anterior le añadiéramos un átomo en el punto (4, 0), esta distribución no sería válida, puesto que la terna de átomos que se encuentran en (0, 0), (2, 0) y (4, 0) no cumpliría la propiedad requerida.

Solución

La idea es empezar con tres puntos que formen un triángulo equilátero de lado 1. Si situamos uno de los puntos en el origen de coordenadas y lo llamamos O, los otros dos puntos se sitúan en la circunferencia C_1 centrada en el origen y de radio 1, que tiene como ecuación

$$x^2+y^2=1$$

Elegimos dos de ellos, por ejemplo

$$A = (-1/2, \sqrt{3}/2), \quad B = (1/2, \sqrt{3}/2)$$

Lo que pretendemos es construir la molécula de manera que esté formada por vértices de triángulos equiláteros, elegidos convenientemente.

El segundo triángulo será uno de los triángulos simétricos respecto de una de las rectas que contienen los lados del triángulo *OAB* inicial. Por ejemplo, consideraremos el triángulo equilátero *ABC* de lado 1, simétrico del triángulo *OAB* respecto a la recta que une los puntos *A* y *B*.

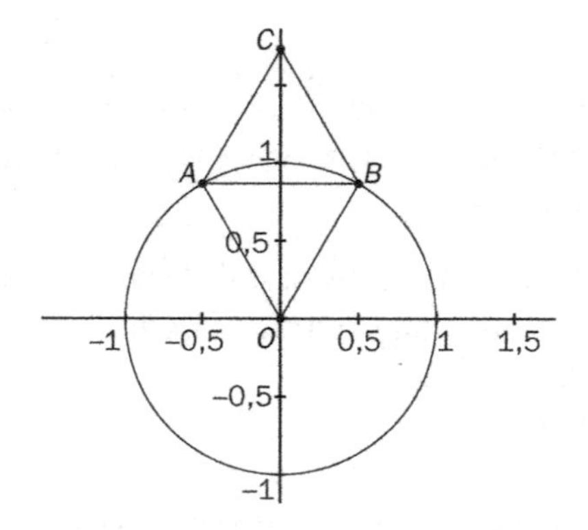

Puesto que la distancia del punto *O* a esta recta es $\sqrt{3}/2$, las coordenadas de *C* son $C = (0, \sqrt{3})$.

Los puntos *O*, *A*, *B* y *C* cumplen que en toda elección posible de tres de ellos, al menos dos están a distancia 1. Solo hay que observar que para cualquier terna de puntos, o bien todos ellos son vértices de los triángulos *OAB* o *ABC*, respectivamente, y, por tanto, la propiedad se cumple, o bien contiene los puntos *O* y *C* simultáneamente, y entonces el tercer punto estará a distancia 1 de *O* y de *C*, ya que será *B* o *A*.

Para obtener los restantes tres puntos *D*, *E* y *F*, construiremos otro triángulo equilátero *DEF* de lado 1, cuyos vértices cumplan la propiedad de que estén a distancia 1 o bien del punto *O* o bien del punto *C*. Lo haremos rotando el triángulo *ABC*.

Para ello, buscaremos un punto *D* sobre la circunferencia centrada en el origen y de radio $\sqrt{3}$, que esté a distancia 1 de *C* y los dos vértices restantes *E* y *F* del triángulo equilátero estarán sobre la circunferencia C_1, para que de esta manera estén a distancia 1 de *O*.

Observa que los puntos *O*, *A*, *B*, *C*, *D*, *E* y *F* cumplen la propiedad requerida. Dada una terna de puntos de esta colección, si contiene al menos dos puntos de uno de los tres triángulos seleccionados, cumplirá la propiedad. Por tanto, solamente hemos de comprobar la propiedad para ternas de puntos correspondientes a vértices que lo sean únicamente de uno de los tres triángulos. Fíjate que cada una de estas ternas incluirá los puntos O y C. El tercer punto ha de ser forzosamente un vértice del triángulo DEF, y en cualquier posible elección, el tercer punto dista 1 o bien de O o bien de C.

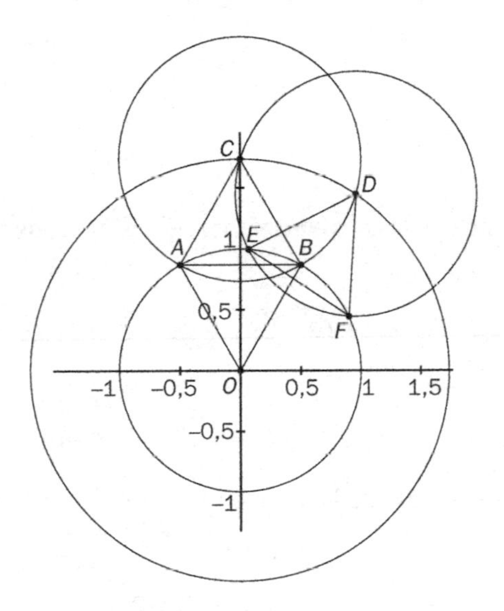

Finalmente, vamos a encontrar las coordenadas de los puntos D, E y F.

Cálculo de *D*:

Como ya hemos dicho, D es un punto de la circunferencia centrada en el origen y de radio $\sqrt{3}$, que está a distancia 1 del punto C. Para encontrar las coordenadas de D, que denotamos como (x, y), nos bastará, pues, con resolver el sistema de ecuaciones siguiente:

$$x^2 + (y - \sqrt{3})^2 = 1$$
$$x^2 + y^2 = 3$$

y, por tanto,

$$y^2 - (y - \sqrt{3})^2 = 2.$$

Luego $2\sqrt{3}y - 3 = 2$, en consecuencia, $y = 5/(2\sqrt{3})$. Ahora, basta elegir una de las dos posibles soluciones de x, para dar las coordenadas de D:

$$D = (\sqrt{33}/6,\ 5/(2\sqrt{3})).$$

Cálculo de *E* y *F*:

Por último, las coordenadas de E y F vienen dadas por la intersección de las circunferencias:

$$(x - \sqrt{33}/6)^2 + (y - 5/(2\sqrt{3}))^2 - 1$$
$$x^2 + y^2 = 1.$$

De estas ecuaciones obtenemos, restando

$$-(\sqrt{33}/3)\,x + 11/12 - (5/\sqrt{3})\,y + 25/12 = 0,$$

de donde

$$-(\sqrt{33}/3)\,x + 3 - (5/\sqrt{3})\,y = 0$$

o, equivalentemente,

$$y = \left(3 - (\sqrt{33}/3)x\right)\sqrt{3}/5.$$

Sustituyendo en la segunda de las dos ecuaciones del sistema que estamos resolviendo se obtiene fácilmente que

$$E = \left((-5 + \sqrt{33})/12,\ (5\sqrt{3} + \sqrt{11})/12\right)$$

y

$$F = \left((5 + \sqrt{33})/12,\ (5\sqrt{3} - \sqrt{11})/12\right).$$

Finalmente, el dibujo que representa la posición de los átomos de la molécula buscada es:

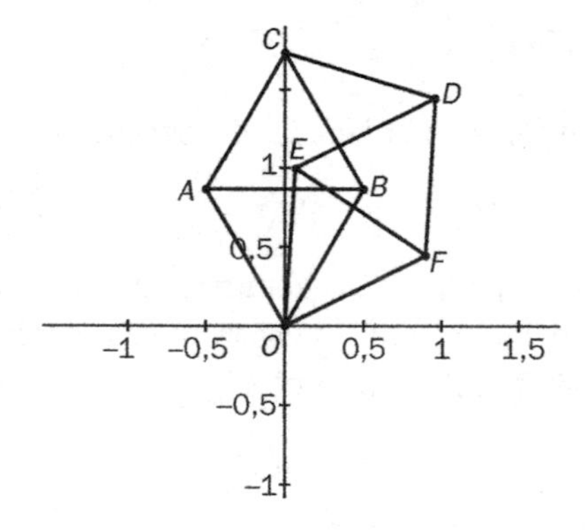

Rotando respecto al origen de coordenadas los puntos encontrados, encontraríamos otras posibles soluciones.

Los autores

Juan Mata (Burgos, 1988). Jugador de fútbol criado en Asturias, ha ganado la Copa del Mundo de 2010 y el Campeonato de Europa de 2012 con la Selección Española, y la Liga de Campeones en 2012 con el Chelsea FC. Estudia *Márketing* y Educación Física.

Jimena González Alcalde (Burgos, 1998), **Irene Carmona del Val** (Madrid, 1998), **Patricia Novo Muñoz** (Madrid, 1998), **Belén Alcázar de Velasco Ayape** (Madrid, 1998), **Javier Quirós García** (Bogotá, Colombia, 1998), **Dana Calderón Díaz** (Madrid, 1998) y **Daniel de Maeseneire Martínez** (Madrid, 1998). Estudian 1º de ESO en el IES Alameda de Osuna.

Glenier Lázaro Bello Burguet (La Habana, Cuba, 1991). Estudiante de la Licenciatura en Matemáticas en la Universidad de Zaragoza.

Javier Lázaro Huerta (Zaragoza, 1989) Licenciado en Matemáticas por la Universidad de Zaragoza.

Fernando Corbalán Yuste (Terriente, Teruel,1948), licenciado en Matemáticas y doctor en Ciencias de la Educación, escritor y divulgador matemático, subdirector de Divulgamat (www.divulgamat.net)

José Luis Carlavilla Fernández (Cuenca, 1951). Actualmente jubilado. Ha sido Profesor Titular de Didáctica de las Matemáticas en la Escuela de Magisterio de Ciudad Real, Universidad de Castilla-La Mancha.

Marta Macho Stadler (Bilbao, 1962). Doctora en Matemáticas por la Université Claude Bernard Lyon I (Francia) es Profesora Agregada del Área de Geometría y Topología en la Universidad del País Vasco-Euskal Herriko Unibertsitatea. Coordinadora de la sección "Teatro y Matemáticas" en el portal DivulgaMAT y editora del blog ZTFNews.

María Jesús Carro Rossell (Tánger, Marruecos, 1961). Doctora en Matemáticas por la Universidad de Barcelona, es catedrática de Análisis Matemático en esta Universidad.

Pepi Ramírez Rodríguez (Badajoz, 1961). Licenciada en Matemáticas por la Universidad de Extremadura, es responsable de proyectos en HP Consultoría.

Javier Cilleruelo Mateo (Soria, 1961). Profesor titular de Análisis Matemático en la Universidad Autónoma de Madrid y miembro del Instituto de Ciencias Matemáticas (ICMAT). Autor junto a A. Córdoba de *La teoría de los números* (Mondadori, 1992) y *Los Números* (Catarata, 2010). Dirige la sección *El diablo de los números* en la Gaceta de la Real Sociedad Matemática Española y es responsable de la Red Iberoamericana de Teoría de Números.

Eva Primo Tárraga (Valencia, 1990). Estudiante de la Licenciatura en Matemáticas en la Universitat de València. **Juan Miguel Ribera Puchades** (Valencia, 1987). Licenciado en Matemáticas por la Universitat de València y estudiante de doctorado en la Universitat Politècnica de València, es profesor del programa Estalmat Comunitat Valenciana. **Jaime Sánchez Fernández** (Valencia,1991). Estudiante de la Licenciatura en Matemáticas en la Universitat de València, es profesor del programa Estalmat Comunitat Valenciana y presidente de la Asociación Nacional de Estudiantes de Matemáticas (ANEM).

Javier Fresán Leal (Pamplona, 1987). Tras estudiar matemáticas en Madrid y París, en la actualidad realiza el doctorado en la Université Paris 13. Es autor de las obras de divulgación: *Gödel. La lógica de los escépticos*, *El sueño de la razón* y *Hasta que el álgebra os separe*.

Francisco Antonio González Lahoz (Ciudad Real, 1963). Ingeniero Técnico de Telecomunicaciones, analista y desarrollador informático en INDRA Sistemas, S. A.

Andrea Isern Granados (Barcelona, 1996) alumna de la promoción 2009-2011 de Estalmat Catalunya, cursa 4º de ESO en el Instituto Salvador Espriu, de Barcelona.

Silvia Martos Baeza (Barcelona, 1996) alumna de la promoción 2009-2011 de Estalmat Catalunya, cursa 4º de ESO en el Instituto Cubelles, de Cubelles (Garraf, Barcelona).

Jorge Sánchez Pedraza (Barcelona, 1967) es profesor de Matemáticas de secundaria en el IES Salvador Dalí de El Prat de Llobregat, Barcelona. **David Obrador Sala** (Barcelona, 1973). Profesor de Matemáticas de secundaria, asesor técnico docente en el Departament d'Ensenyament de la Generalitat de Catalunya (DE-GC) y miembro de l'Associació Catalana de GeoGebra. **Sergi del Moral Carmona** (Milwaukee, EE. UU., 1982). Profesor de Matemáticas de secundaria y responsable del Àrea d'Innovació Educativa del DE-GC. **Anton Aubanell Pou** (Malgrat de Mar, Barcelona,1954). Profesor de Matemáticas de secundaria y de Didáctica de las Matemáticas en la Facultad de Matemáticas de la Universidad de Barcelona. Miembro del CREAMAT, Centre de Recursos per Ensenyar i Aprendre Matemàtiques del DE-GC.

Inmaculada Fernández Benito (Valladolid, 1957). Licenciada en Matemáticas por la Universidad de Valladolid, es Catedrática de Matemáticas del IES Núñez de Arce de Valladolid.

Miguel Ángel Morales Medina (Puertollano, Ciudad Real, 1979). Licenciado en Matemáticas por la Universidad de Granada, se dedica a la preparación y apoyo de alumnos universitarios, es autor del blog Gaussianos.com y editor del Boletín de la Real Sociedad Matemática Española.

Izar Alonso Lorenzo (Madrid, 1996). Alumna de Estalmat Madrid de la promoción 2008-2010, estudia 1º de Bachillerato en el IES Diego Velázquez de Torrelodones, Madrid. **Paula Sardinero Meirás** (Madrid, 1995). Alumna de Estalmat Madrid de la promoción 2008-2010, estudia 1º de Bachillerato en el IES Margarita Salas de Majadahonda, Madrid.

Elisa Lorenzo García (Madrid, 1987). Licenciada en Matemáticas por la Universidad Complutense de Madrid, es estudiante de doctorado en la Universitat Politècnica de Catalunya.

Antonio Aranda Plata (Córdoba, 1942). Licenciado en Ciencias Matemáticas por la Universidad Complutense de Madrid . Profesor Titular de Escuela Universitaria (jubilado) y en la actualidad Profesor Asistente Honorario del Departamento de Álgebra de la Universidad de Sevilla. Es miembro del equipo de divulgación de la Facultad de Matemáticas y profesor del Proyecto Estalmat Andalucía.

Alejandro Miralles Montolío (Burriana, Castellón, 1980). Doctor en Matemáticas por la Universidad de Valencia, es profesor del departamento de Matemáticas de la Universitat Jaume I de Castelló y profesor y miembro del consejo asesor del Proyecto Estalmat Comunitat Valenciana. **Irene Ferrando Palomares** (Valencia, 1980). Doctora en Matemáticas por la Universidad Politécnica de Valencia, es profesora de Didáctica de las Matemáticas en la Universidad de Valencia y profesora del Proyecto Estalmat Comunitat Valenciana.

Eva Elduque Laburta (Zaragoza, 1990). Estudiante de Matemáticas de la Universidad de Zaragoza y miembro del consejo editorial de Matgazine, la revista matemática de los estudiantes.

Sofía Nieto Monje (Madrid, 1984). Estudiante de Doctorado en Matemáticas y Profesora Ayudante de la Universidad Autónoma de Madrid.

Adolfo Quirós Gracián (Madrid, 1959). Doctor en Matemáticas por la Universidad de Minnesota, es Profesor Titular de Álgebra en la Universidad Autónoma de Madrid y codirector de La Gaceta de la Real Sociedad Matemática Española.

José Garay de Pablo (Alicante, 1938). Doctor en Matemáticas por la Universidad de Zaragoza y Catedrático de Análisis Matemático en la misma universidad.

Jesús Gago Vargas (Sevilla, 1966). Doctor en Matemáticas y Profesor Titular de Álgebra en la Universidad de Sevilla.

Raúl Ibáñez Torres (Baracaldo, Vizcaya, 1968). Doctor en Matemáticas por la Universidad del País Vasco (UPV-EHU). Profesor Titular de Geometría en la UPV-EHU. Director del portal DivulgaMAT (www.divulgamat.net). V Premio José María Savirón de Divulgación Científica (2010). Premio COSCE a la Difusión de la Ciencia 2011.

Pedro Carrión Rodríguez de Guzmán (Alcázar de San Juan, Ciudad Real, 1962) Licenciado en Matemáticas por la Universidad de Murcia, trabaja como profesor de Matemáticas en el IES Alcántara de Alcantarilla (Murcia).

Rubén Blasco García (Zaragoza, 1991). Estudiante de Matemáticas en la Universidad de Zaragoza.

María López Valdés (Almería, 1978). Doctora en Ingeniería Informática y Licenciada en Matemáticas por la Universidad de Zaragoza. Socia fundadora y CEO de BitBrain Technologies.

Alberto Castaño Domínguez (Sevilla, 1985). Licenciado en Matemáticas por la Universidad de Sevilla, es estudiante de doctorado y becario FPU en el Departamento de Álgebra de dicha universidad. **Antonio Rojas León** (Sevilla, 1976). Doctor en Matemáticas por la Universidad de Princeton, es actualmente profesor en el Departamento de Álgebra de la Universidad de Sevilla.

Philippe T. Giménez (Grenoble, Francia, 1967). Formado en el Institut Fourier y Doctor en Matemáticas por la Universidad de Grenoble I, es Profesor Titular de Álgebra en la Universidad de Valladolid. **Ana Núñez Jiménez** (Palencia,1960). Doctora en Matemáticas por la Universidad de Valladolid, es Profesora Titular de Geometría y Topología en la misma universidad.

Alberto C. Elduque Palomo (Zaragoza, 1960) es Catedrático de Álgebra de la Universidad de Zaragoza y coorganizador del Taller de Talento Matemático de Aragón. Ha sido también profesor de la Universidad de La Rioja, y profesor visitante de las de Wisconsin, Metz y Pau.

Juan González-Meneses López (Sevilla, 1973). Doctor en Matemáticas por las Universidades de la Borgoña (Francia) y Sevilla, es Profesor Titular de Álgebra en la Universidad de Sevilla.

José Manuel Bayod Bayod (Zaragoza, 1949). Doctor en Matemáticas por la Universidad de Bilbao (1976), es Catedrático de Análisis Matemático en la Universidad de Cantabria y Defensor Universitario en la misma universidad.

Santiago Fernández Fernández (Bercedo, Burgos, 1954). Licenciado en Matemáticas por la Universidad de Bilbao, es asesor de matemáticas del Berritzegune Nagusia de Bilbao, director de la revista de matemáticas SIGMA y miembro de DivulgaMAT.

Rafael Tesoro Carretero (Madrid, 1962). Licenciado en Matemáticas, Máster en Matemáticas y sus Aplicaciones por la Universidad Autónoma de Madrid, es responsable de planificación y control de proyectos en Sainsel Sistemas Navales, S.A.U.

Fernando Blasco Contreras (Madrid, 1968). Doctor en Matemáticas por la Universidad Complutense de Madrid, es Profesor Titular de Matemática Aplicada en la Universidad Politécnica de Madrid. Autor de *Matemagia* (Temas de Hoy, 2007) y *El periodista matemático* (Temas de Hoy, 2009). Es colaborador habitual de la Cadena SER.

Carlos Matrán Bea (Cartagena, Murcia, 1955). Doctor en Matemáticas por la Universidad de Valladolid, es Catedrático de Estadística e Investigación Operativa y Director del Instituto de Matemáticas de dicha universidad (IMUVA). **Mari Paz Calvo Cabrero** (Segovia, 1967). Doctora en Matemáticas por la Universidad de Valladolid, en la que es Catedrática de Matemática Aplicada. Miembro del Comité Científico de la Real Sociedad Matemática Española.

Vadym Paziy (Kerch, Ucrania, 1987). Licenciado en Ciencias Físicas por la Universidad Complutense de Madrid. Es estudiante de Doctorado en Física Nuclear en el Grupo de Física Nuclear de la Universidad Complutense de Madrid.

Francisco Javier Masip Usón (Zaragoza, 1962), Licenciado en Medicina y Cirugía por la Universidad de Zaragoza, Jefe de Sección de Control de Mercado de la Dirección General de Consumo del Gobierno de Aragón.

María Pe Pereira (Burgos, 1981). Licenciada y doctora en Matemáticas por la Universidad Complutense de Madrid. Después de dos años en Paris becada por la Fundación Cajamadrid, en 2013 comenzará un contrato postdoctoral en el Instituto de Ciencias Matemáticas (ICMAT).

Carme Cascante Canut (Barcelona, 1960). Doctora en Matemáticas por la Universitat Autònoma de Barcelona, es Profesora Titular de Análisis Matemático y Decana de la Facultad de Matemáticas de la Universitat de Barcelona.

Otros títulos de la colección Estímulos Matemáticos

- Desafíos matemáticos
  Propuestos por la Real Sociedad Matemática Española en su centenario
  Coordinado por ADOLFO QUIRÓS

- Soluciones !Aja!
  Soluciones ingeniosas para 100 problemas en apariencia difíciles.
  MARTIN ERICKSON

- Gardner para principiantes
  Enigmas y juegos matemáticos
  Cooordinado por FERNANDO BLASCO

- Lilavati
  Matemática en verso del siglo XII
  BHASKARA ACHARYA
  Versión adaptada y ampliada por ÁNGEL REQUENA y JESÚS MALIA

- Orisangakus
  Desafíos matemáticos con papiroflexia
  MARÍA BELÉN GARRIDO

- Matemáticas de 3 a 7 años
  La historia de un Círculo Matemático para ninos
  ALEXANDER ZVONKIN

- Gardner para aficionados
  Juegos de matemática recreativa
  Coordinado por FERNANDO BLASCO

- Mujeres matemáticas
  13 matemáticas, 13 espejos
  Coordinado por MARTA MACHO

- Déjame contarte
  Algunas historias sobre matemáticas
  GÜNTER M. ZIEGLER